기도로 푯대를 향하여

저자 김 영 규 목사

도서출판 조은

기도 책을 내면서

"일이란 무엇일까?", "가치 있는 일이란 무엇일까?" 이런 제목으로 젊은 날에 강의를 수년간 한 적이 있습니다. 목적이 있고 고객에게 유익을 주며 돈이 되어야 한다는 점을 강조했던 내용이었습니다.

어느 날 일하는 저에게, 하나님의 부르심으로 신학을 하고 목사가 되었습니다. 믿음이 적을 때도 세상의 문제를 위해 공동체를 위해 기도했습니다. 그런데 목사의 기도는 성도를 위한 기도, 하나님 나라와 교회를 위한 기도가 더 간절했습니다. 여러 모양과 형태로 기도하게 됩니다. 하나님이 기뻐하시는 기도, 응답받는 기도를 찾아 나아갔습니다.

무엇보다도 시대를 알고 기도해야 했습니다. "만물의 마지막이 가까이 왔으니 그러므로 너희는 정신을 차리고 근신하여 기도하라"(벧전 5:7). 지금의 때가 어떤 때인지를 알고 기도해야 한다고 여겼습니다.

교회는 예배공동체로 마땅히 말씀과 기도로 은혜 안에 있어야 하며, 하나님의 말씀을 듣고 전해야 한다고 믿고 있습니다. 기도로 하나님과 호흡해야 합니다. 그러므로 그 방법에 대하여 배움과 훈련이 필요하여 기도에 관한 책을 적게 되었습니다.

기도는 하나님의 영, 성령으로 하며, 성령의 임재를 느끼며, 기도로 좋은 것, 성령을 받으며 성령 충만하게 됩니다. 기도는 인간이 하나님께 올려드리는 것이다. 하늘 보화를 받는 것이며, 가치 있는 것이며, 은혜받는 수단입니다.

 이 기도에 관해 책을 적어 나누는 작업은 이 시대에 간절히 은혜를 사모하며 은혜를 받기 위함입니다. 죄인이 하나님 앞에 나아가서 구원받고 하나님의 자녀로 아버지에게 말을 하고 소통하며, 예수 그리스도를 증언하며 세상을 이기는 것입니다.

 책의 구성은 1장은 기도란, 2장은 야베스의 기도, 3장은 주의 기도, 4장은 바울의 가도, 5장은 기도의 적용으로 구성되어 있습니다. 1장에서 4장은 기도에 대한 저자의 논문을 인용하면서 기도의 방법을 적었습니다. 5장은 기도의 적용에 필요하다고 여긴 예배 주중의 기도, 일상에서의 기도, 기도 방법에 따른 기도, 기도의 주의 점, 성경에 나오는 주요기도, 기도문의 예시를 담았습니다.

 이 조그만 책이 하나님을 더 친밀하게 알게 되는 도구가 되길 바랍니다. 성도님들에게, 하나님의 사람들에게, 가족에게, 벗들에게, 나의 기도 속의 님들에게, 유익이 되길 바라며 기도합니다.

파주 서재에서 저자 **김영규** 목사가

추천서

정두일 목사

　기도원이 살아 있는 것 기적이 아닌가? 옛날 한얼산 오산리기도원 등 기도의 태풍같은 성령의 열매가 기억된다. 전국 크고 작은 기도원 산골짜기마다 기도 찬송 소리가 하늘을 움직였다. 기도의 불이 꺼져 가고 있다는 탄식소리 듣는다. 이때에 기도 책은 많은 의의가 있다. 큰 격려가 될 것이다.

　예수님 기도의 본을 보이셨다. 기도를 가르치셨다. 기도는 만능열쇠다. 기적의 산실이다. 수없는 기사와 이적은 우리가 보고 체험한 것이다. 신학교가 특별히 기도를 가르치고 체험하는 교회부흥의 산실이 되기를 기대한다.

　예수님의 기도, 야베스의 기도, 바울의 기도 등 중요한 기도가 강하게 우리를 자극한다. 이 기도 책이 많이 보급됨으로 한국교회 기도의 새로운 이정표가 되기를 바란다. 기도하면 산다. 기도하면 성령님 역사하신다. 기도는 호흡이다. 기도 안하면 영혼의 위기를 맞이한다. 한국교회여, 기도의 새로운 횃불을 들자.

　내가 제일 먼저 기도의 사람이 되자.

추천자 : 정두일 목사
- 성정교회 원로목사, 동서노회 공로목사
- 백림신학원 목회학박사, 수도국제대학원대학교 명예철학박사
- 서울문학 신인상 크리스찬문학 신인상 목양문학 대상
- 시집, '이렇게 시를 쓰면 되나요' 외 11권, 설교집 외 저서
- 개혁총회 증경총회장, 수도대힉원대학교 전 총장

표지 그림 화가 : 이병욱 박사
- 전 고신의대 외과 교수, 의학박사, 외과 전문의, 암클리닉 책임교수
- "암을 이겨내는 당신에게 보내는 편지" 등 다수 저술, 의사 전도왕
- 개인전 "2024 행복한 그림전" 등 7회, 2023 극동방송 초대전 외 국내외 전시 다수
- 2024 월드아트엑스포(WAE) 올림파아트 First Honor Achivement Award 등
- 현_한국미술협회 회원, 대암클리닉 원장, 대한암협회 집행이사

6 기도로 푯대를 향하여

목차

기도로 푯대를 향하여 … 3
추천서 … 5

1. 기도란 … 11
  1) 기도란 무엇인가? … 11
  2) 기도는 왜 하는가? … 12
  3) 기도는 어떻게 해야 하는가? … 14
  4) 성경적 기도는 어디에 있는가? … 15

2. 야베스의 기도 … 16
  1) 야베스 기도의 배경과 내용 … 16
  2) 야베스 기도 적용 … 19
  3) 야베스 기도와 예수님의 기도 연계 … 22
  4) 새벽예배와 기도 … 24
  5) 일반적인 기도의 방법 … 26

3. 주의 기도 … 28
  1) 누가복음 내 기도 비유 11:5~8과 18:1~8의 '책-내 본문성' 연구 … 28
  2) 예수님의 기도 방법 … 39
    (1) 말씀과 연계된 기도 … 40
    (2) 예수님의 기도 명령 … 41
    (3) 예수님의 기도 생활 … 42
  3) 마태복음 7:7~11과 누가복음 11:5~13 가르침 비교 … 44
  4) 예수님 기도의 적용 … 49

(1) 말씀이 인도하는 기도 … 50

　　(2) 예수님 새벽기도 … 51

　　(3) 예수님 병 치유의 기도 … 53

4. 바울의 기도 … 59

　1) 에베소서 1:15~23에서의 기도와 하나님 나라 … 59

　　(1) 누가복음 11:1~13과 에베소서 1:15~23의 가르침 비교 … 59

　　(2) 누가복음 11:1~13과 에베소서 1:15~23의 '책-간 본문성'
　　　 연구 … 65

　2) 바울의 기도 적용 … 72

　　(1) 하나님을 아는 기도 … 72

　　(2) 연간 특별기도 … 74

5. 기도의 적용 … 77

　1) 예배 중 기도 … 77

　　(1) 예배시 대표 기도 … 77

　　(2) 헌금 기도 … 78

　　(3) 주제 기도 … 78

　　(4) 교회 예식을 위한 기도 … 79

　　(5) 성경에서 말씀하는 기도 응답 … 80

　2) 일상에서 하는 기도 … 81

　　(1) 감사 기도 … 81

　　(2) 중보 기도 … 86

　3) 기도의 방법에 따른 기도들 … 89

　　(1) 통성 기도 … 89

　　(2) 묵상 기도 … 90

　　(3) 말씀 선포 기도 … 90

(4) 대적 기도 … 92
　　(5) 방언 기도 … 95
　　(6) 금식 기도 … 97
　　(7) 안수 기도 … 100
4) 기도 주의점 … 106
　　(1) 응답받지 못한 기도 … 106
　　(2) 기도하지 않는 핑계들 … 108
5) 성경에 나오는 주요기도 … 109
6) 기도문 예시들 … 119

부록 참고문 … 134

> 저자 알림이다. 본서는 저자의 박사학위(Ph. D.) 논문인, "누가복음 11:1~13 기도 가르침 속의 '하나님 나라'에 관한 신학적 해석 연구"의 내용에서 기도에 관한 아주 작은 부분을 그대로 인용하여 설명했습니다.

10 기도로 푯대를 향하여

1. 기도란

1) 기도란 무엇인가?

하나님은 우리 성도를 사용하셔서 일하기를 원하신다. 그러므로 성도는 성경에 나타난 말씀에 따라 하나님을 알고, 그리고 예수 그리스도의 가르침에 순종하여 성령의 임재와 인도 가운데 적극적인 기도를 드려야 한다.

예수 그리스도의 영으로 거듭난 성도는 성경 본문의 교훈에 따라 기도를 드려야 한다. 이와 관련하여 예수님이 가르치셨고 성도가 추구해야 할 기도에 대한 지식도 필요하다.

기도란 "하나님을 주로 2인칭으로 부르는, 하나님과의 대화"이고, 기도에는 탄원, 간청, 간구, 감사, 찬양, 찬송, 애통 등의 내용이 있다.[1] 일반적으로 기도의 의미는, 종교에서 신자가 신앙의 대상에게 일정한 목적을 가진 의미 또는 무조건 신자가 신앙의 대상에게 축복 및 가호를 비는 행위이다. 하지만 기독교에서 기도는 하나님을 대상으로 하나님과 더불어 하는 인격적 교통이다.[2] 기도의 성자인 바운즈(Edward McKendree Bounds)는 기도란, 삶, 마음, 성격, 정신 모두가 포함되는 전인적인 것이기에, 자신의 모든 것을 하나님께 드리는 사람에게 기도의 큰 결과가 온다고 하는 기도의 조건을 설명했다.[3] 대부분의 신학자가 동의하는 정의는 "기도란 인간이 하나님께 말하

---

1) Leslie T. Hardin, ed. John D. Barry, *Lexham 성경사전* (Bellingham, WA: Lexham Press, 2020), "기도" 항.
2) Wayne Grudem, 「성경 핵심 교리」, 박재은 역 (서울: 솔로몬, 2019), 240.
3) Edward McKendree Bounds, 「기도의 본질」, 홍성국 역 (서울: 생명의말씀사, 2005), 8~10.

는 인간의 최고의 언어(Primary speech to God)"이다.[4]

특별히 예수님에게 기도란, 하나님으로부터 뭔가를 얻기 위한 수단이 아니라 하나님을 알기 위한 수단이며, 예수님을 믿는 그리스도인이 하는 기도는 언제 어디서나 모든 상황 가운데 동일하게 하나님의 임재를 드러내는 것이다.[5] 이렇게 성도는 기도로 하나님과 대화하며 하나님의 임재를 느끼기 때문에, 기도는 대단히 중요하다.

2) 기도는 왜 하는 것일까?

기도는 인간으로 당연히 해야 한다. 왜냐하면 하나님께서는 인간과 대화하고 싶어 하신다. 인간은 하나님께 말씀을 듣고 하나님께 기도함으로 하나님의 뜻을 알고 하나님의 안에서 교제하게 된다. 하나님께서는 인간을 만드실 때, 하나님을 찾고 하나님께 기도하도록 인간을 만드셨다.

시편 27편을 보자.

27:1 여호와는 나의 빛이요 나의 구원이시니 내가 누구를 두려워하리요 여호와는 내 생명의 능력이시니 내가 누구를 무서워하리요 27:2 악인들이 내 살을 먹으려고 내게 왔으나 나의 대적들, 나의 원수들인 그들은 실족하여 넘어졌도다 27:3 군대가 나를 대적하여 진 칠지라도 내 마음이 두렵지 아니하며 전쟁이 일어나 나를 치려 할지라도 나는 여전히 태연하리로다 27:4 내가 여호와께 바라는 한 가지 일 그것을 구하리니 곧 내가 내 평생에 여호와의 집에 살면서 여호와의 아름다움을 바라보며 그의 성전에서 사모하는 그것이라 27:5 여호와께서 환난 날에 나

---

4) 감리교신학대학교출판편집부, 「기도와 현대목회」 (서울: 감리교신학대학교출판부, 1996), 152. Ann & Barry Ulanov, *Primary Speech: A Psychology of Prayer* (Atlanta: John Knox Press, 1982), 1~12에서 재인용.

5) Oswald Chambers, 「오스왈드 챔버스의 기도」, 스데반 황 역 (서울: 토기장이, 2020), 13.

를 그의 초막 속에 비밀히 지키시고 그의 장막 은밀한 곳에 나를 숨기시며 높은 바위 위에 두시리로다 27:6 이제 내 머리가 나를 둘러싼 내 원수 위에 들리리니 내가 그의 장막에서 즐거운 제사를 드리겠고 노래하며 여호와를 찬송하리로다 27:7 여호와여 내가 소리 내어 부르짖을 때에 들으시고 또한 나를 긍휼히 여기사 응답하소서 27:8 너희는 내 얼굴을 찾으라 하실 때에 내가 마음으로 주께 말하되 여호와여 내가 주의 얼굴을 찾으리이다 하였나이다 27:9 주의 얼굴을 내게서 숨기지 마시고 주의 종을 노하여 버리지 마소서 주는 나의 도움이 되셨나이다 나의 구원의 하나님이시여 나를 버리지 마시고 떠나지 마소서 27:10 내 부모는 나를 버렸으나 여호와는 나를 영접하시리이다 27:11 여호와여 주의 도를 내게 가르치시고 내 원수를 생각하셔서 평탄한 길로 나를 인도하소서 27:12 내 생명을 내 대적에게 맡기지 마소서 위증자와 악을 토하는 자가 일어나 나를 치려 함이니이다 27:13 내가 산 자들의 땅에서 여호와의 선하심을 보게 될 줄 확실히 믿었도다 27:14 너는 여호와를 기다릴지어다 강하고 담대하며 여호와를 기다릴지어다

시편 27편의 시인은 자신이 위험에 처할 때, 하나님의 임재와 안내의 필요성을 인식하고 기도하고 있다.

시편 139편을 보자.

139:1 여호와여 주께서 나를 살펴 보셨으므로 나를 아시나이다 139:2 주께서 내가 앉고 일어섬을 아시고 멀리서도 나의 생각을 밝히 아시오며 139:3 나의 모든 길과 내가 눕는 것을 살펴 보셨으므로 나의 모든 행위를 익히 아시오니 139:4 여호와여 내 혀의 말을 알지 못하시는 것이 하나도 없으시니이다 139:5 주께서 나의 앞뒤를 둘러싸시고 내게 안수하셨나이다 139:6 이 지식이 내게 너무 기이하니 높아서 내가 능히 미치지 못하나이다 139:7 내가 주의 영을 떠나 어디로 가며 주의 앞에서 어디로 피하리이까 139:8 내가 하늘에 올라갈지라도 거기 계시며 스올에 내 자리를 펼지라도 거기 계시니이다 139:9 내가 새벽 날개를 치며 바다 끝에 가서 거주할지라도 139:10 거기서도 주의 손이 나를 인도하시며 주의 오른손이 나를 붙드시이다 139:11 내가 혹시 말하기를 흑암이 반드시 나를 덮고 나를 두른 빛은 밤이 되리라 할지라도 139:12 주에게서는 흑암이 숨기지 못하며 밤이 낮

과 같이 비추이나니 주에게는 흑암과 빛이 같음이니이다 139:13 주께서 내 내장을 지으시며 나의 모태에서 나를 만드셨나이다 139:14 내가 주께 감사하옴은 나를 지으심이 심히 기묘하심이라 주께서 하시는 일이 기이함을 내 영혼이 잘 아나이다 139:15 내가 은밀한 데서 지음을 받고 땅의 깊은 곳에서 기이하게 지음을 받은 때에 나의 형체가 주의 앞에 숨겨지지 못하였나이다 139:16 내 형질이 이루어지기 전에 주의 눈이 보셨으며 나를 위하여 정한 날이 하루도 되기 전에 주의 책에 다 기록이 되었나이다 139:17 하나님이여 주의 생각이 내게 어찌 그리 보배로우신지요 그 수가 어찌 그리 많은지요 139:18 내가 세려고 할지라도 그 수가 모래보다 많도소이다 내가 깰 때에도 여전히 주와 함께 있나이다 139:19 하나님이여 주께서 반드시 악인을 죽이시리이다 피 흘리기를 즐기는 자들아 나를 떠날지어다 139:20 그들이 주를 대하여 악하게 말하며 주의 원수들이 주의 이름으로 헛되이 맹세하나이다 139:21 여호와여 내가 주를 미워하는 자들을 미워하지 아니하오며 주를 치러 일어나는 자들을 미워하지 아니하나이까 139:22 내가 그들을 심히 미워하니 그들은 나의 원수들이니이다 139:23 하나님이여 나를 살피사 내 마음을 아시며 나를 시험하사 내 뜻을 아옵소서 139:24 내게 무슨 악한 행위가 있나 보시고 나를 영원한 길로 인도하소서

시편 139편의 시인은 신앙고백을 담고 있다. 전반부는 하나님의 전지전능하심, 만물을 주관하시고 심판하시는 주권을 찬양하고, 후반부는 자신을 살펴주셔서 앞길을 인도해달라고 기도하고 있다.
인간은 인생의 앞날의 그 길을 알 수 없으니 하나님께 기도해야 한다.

3) 기도는 어떻게 해야 하는가?

기독교 성도의 기도는 하나님께 하는 것이다. 기도를 드리는 대상을 바르게 아는 것이 중요하다.
기도의 방법은 성경에 가르치고 있는 방법으로 하는 것이다. 그 방법의 원리를 찾아서 하여야 한다.
성경이 가르주는 기도, 특히 주의 기도는 모든 그리스도인의 기도 전

형이다. 성도가 기도를 하나님께 드릴 때, 하나님이 기쁘시게 받으신다.

본서는 기도하는 상황에 따라서 기도하는 종류에 따라서 기도하는 방법도 알아본다. 기도하는 방법을 알고 배우고 실행하는 데 도움이 되기를 기대한다.

4) 성경적 기도는 어디에 있는가?

성경의 곳곳에서 기도를 기록하고 있다. 본서에서는 야베스의 기도, 주의 기도, 바울의 기도를 중심으로 기도 방법을 살펴보고 적용하는 점을 찾는다.

2. 야베스의 기도

1) 야베스 기도의 배경과 내용

역대상 4:10의 "야베스의 기도" 사례는 태어나면서부터 가진 결함을 가진 야베스가 한 기도로 야베스 자신의 현실을 극복한 사례이다.

역대상에서 야베스 이야기는 역대상 유대 자손 족보 이야기 속에 뜬금없이 툭 나온다. 왜 역대상 저자는 "족보 이야기를 하고, 족보 속에 야베스 이야기하는 것일까?"라는 질문에 대답을 찾고자 한다.

아론의 십오대 손이며 모세 율법에 익숙한 학자인 에스라(스 7:1~6)는 바벨론 포로에게 돌아온 백성들에게 인류 역사를 재구성하여 이스라엘 역사를 그 시대 백성과 후손에게 가르치고자 역대상하를 기록한다.

에스라는 왜? 이스라엘은 망했으며, 앞으로 어떻게 해야 하는지를 밝히고자 했다.

그 역사적 사실을 족보로 요약한다(대상 1:1~9:44). 역대상 1:1~27은 창세기 1~11장 인류 역사 이야기이다. 1:28에 아브라함 자손 이야기한다. 2장 유다 자손의 족보에서는 다윗을 찾는다. 3장 다윗 자손의 이야기는 솔로몬에서부터 포로귀환까지 족보 이야기를 한다. 이는 이스라엘의 죄와 하나님의 언약과 관련된다. 아브라함의 언약, 다윗의 언약, 그 언약의 성취는 이루어진다. 야베스의 기도는 역사 속에서 역사를 움직인 기도로 기록되어있다.

야베스에 관한 요약된 기록이다. 역대상 4:9에서 야베스는 그의 형제보다 귀중한 자라 그의 어머니가 이름하여 이르되 야베스라 하였으니 이는 "내가 수고로이 낳았다"함이었더라. 여기서 "수고로이 낳았다"함은 죽음의 위험 속에 낳았다는 의미이다. 이에 대한 해석 중에 "야베스는 장애를 가지고 태어난 아이"로 해석하는 견해도 있다. 그런데 야베스는 기도로 환경과 조건을 극복하고 하나님의 복을 누린다.

야베스 기도는 기도의 본이 될 뿐만 아니라 위험에 처할 때, 인간의 결핍과 장애의 상태에 있을 때, 사명과 희망을 품을 때, 언약에 근거해 드리는 기도이다.
야베스 기도의 내용을 요약해 본다.

첫째, '야베스의 기도'는 네 가지 요청과 관계되는데(대상 4:10), 그것의 두 가지 기도는 자신이 활동하는 물리적 환경의 지역을 넓히고 환란을 벗어나게 해달라는 것이다. 다른 두 가지 기도는 하나님과 관련된 복으로 하나님이 도우시고, 하나님의 보호에 관한 기도이다. 이는 주기도문에서 하나님에 관한 기도와 사람에 대한 기도로 나누는 것과 유사하다. 기도 패턴이 유사하다는 것이다. 이는 기도를 어떻게 하라는 방법과 관련이 있다.

둘째, 야베스가 구한 복은 사람의 힘으로 얻을 수 없는 초자연적인 은혜이다. 야베스 기도의 핵심은 야베스가 단지 기도를 했다는 것이 아니라, 하나님께서 야베스가 구하는 것을 허락했다는 것이다. 야베스의 기도에 있어서도 하나님의 허락을 강조하고 있다. 야베스는 하나님의 뜻에 따라 기도를 했다. 인간이 하나님께 기도를 하지만, 기도의 대상을 바르게 알아야 하고, 기도에는 하나님과의 관계가 중요함을 알 수 있다.

예수님께서는 "구하라 그러면 주실 것이요"(마 7:7, 눅 11:9)라고 말씀하시고 구하는 자에게 주신다고 약속하셨다. 또한 야고보는 "너희가 얻지 못함은 구하지 아니함이요"(약 4:2)라고 하셨다. 하나님께서 주시는 풍성하심은 제한된 것이 아니라, 인간이 스스로 제한하는 것이다.

이 점에서 야베스의 기도도 믿음으로 구하는 것이 중요함을 알려주는 사례이다.

역대상 4:10의 강조점은 하나님께 드리는 하나님의 기도에 하나님이 그 기도를 듣고 "그가 구하는 것을 허락하셨더라"는 사실에 있다. 따라서 기도에서 구하는 것이 중요하고, 야베스의 간구와 주의 기도 가르침 말씀에서 기도의 간절한 구함(마 7:7, 눅 11:9)은 기도의 구함의 강조점에서 유사점이 있다.

셋째, 누가복음 11장과 야베스의 환난의 시대 세상(대상 4:9~10)은 동일한 패턴으로 볼 수 있다. 우선 야베스 기도의 전후 문맥(대 4:1~8; 대 4:11~27)을 보면, 유다 자손의 강성함(창 49:9~11)과 다르게 다른 족보와 시므온 자손은 미약함(창 49:7)이 있다. 그런데 유대 자신이 창대하지만, 유다 자손인 야베스는 수고로이 낳았을 정도로 약하였다. 연약한 야베스는 약함에도 하나님께 기도해서 야베스가 원하는 바를 하나님으로부터 응답을 받았다.

에스라는 이스라엘 민족이 하나님 말씀을 지키지도 않고 우상숭배하고, 기도도 하지 않아서 망했다고 기록하고 가르치고 있다.

반면에 야베스는 하나님께 믿음으로 기도하였다. 이 기도는 예수님이 가르친 기도와 일치하는 내용이다. 하나님과의 관계의 기도와 사람들 간의 관계 기도이다. 이 기도의 한 사람, 하나님의 사람이 역사를 이어가고 있다. 하나님 사람의 기도. 그의 믿음의 기도는 하나님은 허락하신다. 야베스처럼 예수님처럼 믿음으로 기도하면 병이 낫고 기적이 일어난다.

왜 성경의 역사 속에, 역대상의 족보 속에, 기도가 들어 있는가?
하나님의 섭리 가운데 기도가 들어 있기 때문이다. 기도하지 않았는데 즉 하나님이 주권적으로 모두 해 주면, 인간은 자기가 한 것으로 알며 교만해지고 하나님을 모르게 되며 찾지도 않게 되기 때문이다.

기도는 구원에 이르게 한다. 의인의 기도는 역사하는 힘이 있다(야 5:16).
우리는 엘리야와 같은 성정을 가지고 있다. 삼 년 유 개월 동안 땅에 비가 오지 아니하였지만 믿음으로 기도했다. 손바닥만 한 조그만 구름 보고 기도하니 비가 왔다.

2) 야베스의 기도 적용

잠시 야베스의 기도를 나의 삶에 적용하도록 살펴보며 기도 연습하도록 한다.

(1) 어떻게 적용하고 결단할 것인가?

- 오늘을 위하여, 형편을 보지 않고, 하나님께 기도하자.
- 하나님께 구하는 복은 주실 것을 믿고 기도하자.
- 더 넓은 지역(지경), 즉 하나님을 위한 사역의 기회와 영향력을 간구하자.

- 하나님의 주권을 인정하고 하나님의 도움을 간구하자.
- 나의 힘으로 할 수 없으니 하나님께 전적으로 의지하자.
- 초자연적으로 역사하시는 하나님이 하심을 확실히 믿고 기도하자.
- 복을 위협하고 망치려는 악으로부터 하나님께서 보호하도록 기도하자.
- 근심이 없도록 기도하자.

야베스의 기도를 활용하는 기도문은

하나님 아버지,
주여 내게 복을 주시려거든 나의 지역을 넓혀주옵소서.

(하나님 나라 넓히길 위한 지경을 구체적 아뢴다,
현재 상황의 죄를 고백한다.)

주의 손으로 나를 도와 주옵소서.

나로 환난을 벗어나 내게 근심이 없게 하옵소서
(현재의 환경에서의 환난을 아뢰고 간구한다.)

예수 그리스도의 이름으로 기도를 드립니다. 아멘.

(2) 말씀을 붙잡고 기도하자.

말씀의 예를 통하여 살펴본다.

- 자녀를 위한 기도는 시편 127:3~5
- 생육 번성을 위한 기도는 창 1:28, 잠 3:5~6, 레 26:3~4,

시 5:12, 말 3:10~11
- 시편 121:1~8, "하나님은 어떻게 성도를 지키시는가?"

시편 121의 본문을 소리내어 읽어 본다.

121:1 [성전에 올라가는 노래] 내가 산을 향하여 눈을 들리라 나의 도움이 어디서 올까 121:2 나의 도움은 천지를 지으신 여호와에게서로다 121:3 여호와께서 너를 실족하지 아니하게 하시며 너를 지키시는 이가 졸지 아니하시리로다 121:4 이스라엘을 지키시는 이는 졸지도 아니하시고 주무시지도 아니하시리로다 121:5 여호와는 너를 지키시는 이시라 여호와께서 네 오른쪽에서 네 그늘이 되시나니 121:6 낮의 해가 너를 상하게 하지 아니하며 밤의 달도 너를 해치지 아니하리로다 121:7 여호와께서 너를 지켜 모든 환난을 면하게 하시며 또 네 영혼을 지키시리로다 121:8 여호와께서 너의 출입을 지금부터 영원까지 지키시리로다

하나님의 말씀을 읽고 묵상하고 기도한다.

(3) 일상에서 기도해야 한다.

말씀을 읽어 묵상하고 기도하자.

- "하나님께 의지하라" 잠 3:5~6
- "유혹의 환경을 피하라" 딤후 2:22
- "용서하고 기뻐하라" 빌 4:4~6
- "환난 당한 자를 위로하라" 고후 1:3~9
- "하나님과 화목하라" 욥 22:21~22

특별히 정해진 시간과 장소에서 꾸준히 믿음으로 기도한다. 일상에서 지속적으로 기도한다.

3) 야베스 기도와 예수님의 기도 연계

야베스의 기도가 예수님의 기도와 연계되어 있음을 살펴보자.

야베스는 하나님께 자신의 어려운 형편의 상황에서도 하나님을 신뢰하며 기도한다. 야베스는 이스라엘 하나님께 아뢰어 이르되 "주께서 내게 복을 주시려거든 나의 지역을 넓히시고 주의 손으로 나를 도우사 나로 환난을 벗어나 내가 근심이 없게 하옵소서"하였더니, 하나님이 야베스가 구하는 것을 허락하신다.

이는 하나님과의 관계에서 간절히 강청하는 기도와 같다고 볼 수 있다. 헤이스(Hays)는 '간본문적 공간'으로서 메아리는 종종 "반드시 저자는 아니라도 본문이 불러일으키는 본문과 독자들 사이"에서 일어나는 '수사학적 효과'를 가리킨다고 주장한다.[6] 메아리에서 매우 중요하게 기억할 것은, "그 메아리 주변 문맥이나 유사한 문맥에 동일한 전통에서 나온 명확한 암시나 뚜렷한 인용이 있는가에 대한 확신이다. 만일 동일한 암시나 인용이 주변에 있고, 거기에 그 전통에서 흘러나오는 메아리가 있다면, 그 메아리는 저자가 의도한 것일 가능성이 매우 높다. 이는 헤이스의 제안과도 다르지 않다고 할 수 있다."[7] 이러한 헤이스의 견해에 기반으로 하여 '간본문성'의 연구를 가능하다고 여기며 이 기도 사례를 연구로 시도한다.

기도에서 구하는 것이 중요하고, 야베스의 간구와 주의 기도 가르침

---

6) 채영삼, "현대 성경 해석학과 신약의 구약 사용 연구 방법론 소고(小考)," 163.: Hays, *Echoes of Scripture*, 33; Keesmaat, "Exodus and Intertextual," 29~33.의 재 인용.
7) 채영삼, "현대 성경 해석학과 신약의 구약 사용 연구 방법론 소고(小考)," 163~64.: Hays, *Echoes of Scripture*, 23.의 재 인용.

말씀에서 기도의 간절한 구함(마 7:7, 눅 11:9)은 기도의 구함의 강조점에서 유사점이 있다.

   누가의 족보 소개(눅 3장)와 예수님의 시험 받으심과 제자들을 모으시고, 예루살렘으로 올라가기 전에 기도를 가르치시는 장면은 역대상의 족보 소개(대상 1~8장) 중의 유다 자손(대상 4:1~10)인 야베스가 하나님께 드린 기도 설명과 패턴에서 유사성이 있다고 볼 수 있다.
   한편 기도의 내용에서 예수님께서 하나님 나라(눅 11:2)가 이 땅에 임하길 기도하도록 가르치신다. 누가복음 11:1~13의 근접 문맥인 예수님의 말씀은 하나님 나라에 관한 말씀하셨다. 예수님은 기도 가르침 후에 귀신을 쫓아내시고, "하나님 나라가 너희에게 이미 임하였느니라"(눅 11:20)라고 말씀하셨다.

   이 말씀을 들었던 무리 중에 한 여자가 "당신을 벤 태와 당신을 먹인 젖이 복이 있다"라고 한다. 그리고 누가복음 11:28에서 예수님께서 "하나님의 말씀을 듣고 지키는 자가 복이 있느니라"고 말씀하신다.

   야베스가 하나님을 향해 "주의 손으로 도우사 나로 환난을 벗어나 내게 근심이 없게 하옵소서"라고 기도했다. 이 복은 마리아 찬가에 나오는 복(눅 1:48)과 엘리사벳이 성령 충만한 상태에서 "여자 중에 네가 복이 있으며 네 태중의 아이도 복되도다"(눅 1:42)에서 말하는 복이며, "주께서 하신 말씀이 반드시 이루어지리라고 믿는 그 여자는 복이 있다"(눅 1:45)라고 말씀했다. 그래서 예수님께서 "오히려 하나님의 말씀을 듣고 지키는 자가 복이 있느니라"라는 하신다. 예수님은 자신을 향한 여인의 축복된 말에 대하여 그 여인에게 "하나님의 말씀을 듣고 지키는 자가 복이 있다" 말씀을 한다(눅 11:29). 이 말씀은 하나님의 말씀에 대한 믿음이다. 하나님 나라의 복은 세상과 다르다.

야베스도 하나님을 향한 복을 간구하였고 하나님의 응답을 받았다. 야베스는 하나님의 나라가 이 땅에 이루어지도록 기도했다.

그러므로 누가복음 11장에서 귀신이 지배하는 세상(눅 11:14~26)과 야베스의 환난의 시대 세상(대상 4:9~10)은 동일하게 볼 수 있다. 그것은 '하나님 나라'를 대항하는 세상 나라이다. 하나님 나라 백성은 세상 속에서 환난을 당한다. 그래서 환난에 이르게 하는 유혹에 빠지지 않도록 기도해야 한다. 자녀를 수고로이 낳은 야베스 어머니는 야베스에게 기도를 가르쳤을 것이고, 야베스는 배운대로 기도했을 것이다. 역대상 저자는 역대의 족보 가운데에서 문학적으로 문득 들어와서 이스라엘 백성이 해야 할 기도의 본으로 야베스의 기도를 기록하여 가르치고 있다. 예수님은 제자들에게 기도의 본을 가르치셨다. 야베스의 기도는 하나님의 자녀들에게 정체성을 알게 하고 하나님을 경외하며 하나님의 뜻대로 살아가도록 가르친 본이 되는 기도이며, 하나님의 나라가 이 땅에 이루어지는 기도로 해석했다. 야베스는 하나님께 자신의 어려운 형편의 상황에서도 하나님을 신뢰하며 기도한다.

4) 새벽예배와 기도

성경에서의 새벽예배 기도를 살펴보자. 새벽기도를 한 전후의 문맥에서 말씀을 살펴보자.

(1) 아브라함의 새벽기도(창 22:3)
하나님은 아브라함을 시험하고자 불러서 아브라함에게 아들 이삭을 번제로 바치도록 명령한다. 아브라함은 아침 일찍 일어나서 모리아산으로 향한다. 제삼일에 멀리보고 예배를 드린다.

(2) 야곱의 새벽기도(창 32:30)
야곱은 벧엘에서 돌을 베개로 삼아 자다가 새벽에 여호와를 보고 만나고 말씀을 듣고 기도하고 서원한다(창 28:1~18). 또한 날이 새도록 하나님과 씨름했다(창 32:26). 야곱이 이때 하나님과 대면하여 새벽에 본 곳이 브니엘이라 한다(창 32:30).

(3) 모세의 새벽기도(출 14:27)
모세가 손을 바다 위에 내밀매 새벽에 바다의 힘이 회복되는 역사가 일어난다.

(4) 다윗의 새벽기도(시 58:8)
다윗은 기도의 사람이다. 새벽부터 부르짖고 말씀을 들었다(시 119:147).

(5) 예수님의 새벽기도
제자를 택할 때 새벽기도 했다(눅 6:12~16).
하루의 시작을 새벽기도로 시작했다(막 1:35).

(6) 베드로의 새벽기도(눅 22:55~65)
새벽에 예수님의 말씀을 기억하여 통곡하며 기도했다.

(7) 사도바울의 새벽기도(살전 3:10~13)
쉬지않고 기도하고(롬 1:9, 골 1:9), 금식하며 기도하고(행 13:1~3), 주야로 심히 간구 기도했다(살전 3:10~13, 딤후 1:3).

5) 일반적인 기도 방법

기도의 기본적인 순서를 살펴보자.

(1) 경배를 드린다.
하나님을 부른다. "하나님 아버지여"

(2) 죄를 고백한다.
하나님의 이름을 거룩히 여김을 받으시옵소서.
하나님의 이름을 더럽힌 죄를 고백한다.

(3) 하나님의 나라가 이 땅에 임하도록 하나님의 뜻대로 기도한다.
하나님 나라가 이 땅에 충만하게 이루어짐은 하나님의 뜻이다.
하나님의 뜻대로 기도한다. 하나님의 뜻을 알도록 기도한다.

(4) 일상의 필요를 간구하며 감사합니다.
일용한 양식을 주옵소서, 살아가는데 필요한 모든 것을 주옵소서.
오늘의 양식뿐 아니라 미래의 것까지 기도하고 맛을 보도록 간구한다.

(5) 죄지은 자를 용서하고, 죄 사함을 간구하며 시험에 들지 않도록 기도한다.
인간관계에서 일어나는 모든 사항의 해결과 하나님의 은혜를 간구한다.
죄와 탐심으로 일어나는 현재 문제의 해결을 간구한다.
세상 악의 미혹과 시험에 들지 않도록 기도한다.
병 치료 등을 간구한다.

(6) 말씀을 붙잡고 기도한다. 일상에서 기도한다.
- 죄를 자백하면 용서하시는 하나님을 생각하라(요일 1:9).
- 스스로 복수 말고, 구원의 하나님께 맡겨라(잠 20:22).
- 경건을 이루며 가정이 하나님께 항상 기도하도록 힘써라(행 10:2).
- 정욕과 싸워 이겨라(롬 8:12~17).
- 성령에 따라 행하라(갈 5:22~24).

3. 주의 기도

주의 기도는 놀라운 내용을 담고 있는 기독교의 신조이기도 하다. 주의 기도는 복음의 요약을 담고 있고(터툴리안), 신약의 몸통으로(토마스 왓슨), 하나님께 간구하는 원칙이 있으며 모든 일의 열쇠가 된다.

주의 기도를 더 바르게 이해하기 위하여 성경의 본문과 연관성을 가진 본문간 연구를 살펴본다.

1) 누가복음 내 기도 비유 11:5~8과 18:1~8의 '책-내 본문성' 연구

예수님이 주의 기도를 가르치신 후에 기도의 비유를 통하여 기도하는 태도를 가르쳐주신다. 이는 기도의 대상에 대한 올바른 이해와 기도의 내용에 대한 지식이 중요하지만, 기도에 대한 태도가 역시 중요하다는 것을 일깨운다. 기도하는 하나님 나라 백성이 갖추어야 할 기도의 태도에 대하여 '책-내 본문성' 연구로 해석한다.

기도 비유의 위치와 핵심 내용을 살펴본다. 예수님은 주기도문을 제자들에게 가르친 후에 비유로 말씀하셨다. 예수님은 기도의 내용(눅 11:2~4) 후에 기도해야 할 이유와 기도의 태도를 가르쳤다(눅 11:5~13). 성도가 기도해야 할 이유는 예수님이 기도하라고 가르치셨기 때문이고, 하나님은 기도자의 기도를 들어주시기 때문이다(눅 11:5~10). 또한 언제나 하나님은 기도자가 구하는 좋은 것을 주고 성령을 주기 때문이다(눅 11:11~13). 이 비유는 누가 18:1~18의 과부와 재판관 비유와 쌍을 이룬다.[8]

---

8) 윤승은, 「예수님의 비유들 연구」(서울: 성서연구원, 2003), 694.

누가복음 11:5~8은 성가시게 조르는, 부끄럼을 모르는 기도이고, 누가복음 18:1~8은 지속적인 기도로 해석하여 두 기도를 조금 다르게 보는 신학자도 있다.[9] 하지만 두 비유는 제자들에게 기도의 끈질김과 믿음의 덕목을 강조한다. 누가복음 11:5~8의 기도의 핵심을 끈기로 해석하는 라이트는 성도의 기도는 거룩한 당당함으로 세차게 문을 두드리고, 일관되게 구하고, 포기를 모르고 찾는 것이며, 또한 우리의 싸움은 어둠의 세력과의 전쟁으로 빛을 본 기도자가 그 전쟁에서 기도로 어둠의 세력과 싸우도록 부름을 받았다고 설명한다.[10] 오르게네스에 의하면 하나님 아버지는 자녀들의 요구를 다 아시므로 기도의 응답을 위하여 많은 말을 할 필요가 없다(마 6:8)고 하면서도, 하나님을 알지 못하면 하나님께 속한 것도 알지 못하고 자기가 필요한 것도 알지 못한다고 설명한다.[11] 또한 오리게네스는 바울의 기도 가르침에서 "쉬지 말고 기도하라"(살전 5:17)를 예수님의 기도 가르침과 연결하여 설명하는데, "끊임없이 기도하는 것은 기도자의 행위와 기도를 연결시키는 자에게만 가능하다"라고 해석한다.[12]

이 해석의 내용은 하나님께 기도하는 자는 기도의 대상인 하나님과 동행하고 교제하면서 하나님께서 기도자에게 요구하는 삶으로 살아야 한다는 것이다. 또한 기도자는 기도의 분위기를 마음에 새기고, 기도하는 자세를 몸에 익숙해져야 하며, 기도할 때는 분노로부터 자유로워야 하며, 장애 요소를 내려놓고 하나님을 생각하면서 기도해야 한다.[13] 그러므로 기도의 자세에 있어서 중요한 것은 기도하면서 하

---

9) James A. Metzer, "God ad Friend? Reading Luke 11:5~13 & 18:1~8 with a Hermeneutic of Suffering," *Herizons in Biblical Theology* 32 (2010): 34.
10) N. T. Wright, 「신학의 모든 기도」, 백지윤 역 (서울: Ivp, 2015), 37~38.
11) Origenes De Oratione, 「오리게네스 기도론」, 이두희 역(서울 : 새물결플러스 2018), 55
12) Oratione, 「오리게네스 기도론」, 57.
13) Oratione, 「오리게네스 기도론」, 59~60.

나님과 동행하는 삶, 즉 하나님이 원하는 삶을 살아내는 데 있다.

 하나님의 축복을 위한 기도 측면에서 비유의 내용을 해석한다. 하나님께서는 기도자가 다른 사람들에게 선을 행하기를 간구하기를 원하신다. 예수님은 자신을 부인한 베드로를 포함하여 다른 사람들을 위해 기도하였고, 예수님은 제자들에게 박해자들을 위해 기도를 하도록 명하셨다(마 5:44). 따라서 기도자는 자신과 자신의 필요를 위한 기도도 해야 했다.
 주기도문의 "우리 간구"에서 유혹과 노출된 위험에 대해 기도하라는 예수님의 명령에서 분명히 깨어 기도하라고 말씀하고 있다고 해석하면서(막 13:18; 14:38; 눅 21:36), 동시에 누가복음 11:5~13(마 7:7~11)의 가르침은 하나님께서 하나님에게 기도하는 자에게 하나님께서 주신 것에 관한 내용으로 보는 견해도 있다.[14]

 누가복음 11:5~8의 기도에 대한 비유는 한밤중에 이웃을 깨우는 내용으로 설명되는 비유이다. 벗과의 관계, 즉 하나님과의 관계 속에서 기도하는 과정에서 있어서 '성가심, 끈질김'의 태도를 가지고 기도하도록 가르치는 비유로 설명되기도 하고 이해한다. 즉 본문의 비유를 통하여 가르쳐주시는 것은 하나님과의 관계도 중요하고 기도의 끈질김에 대한 강조점도 있다. 그런데 비유는 하나님 나라와 관계된다. 기도는 하나님의 나라로 가는 길 위에서 완성을 향하게 하는 것으로 하나님 나라의 백성답게 삶에서 살아내는 것과도 관련이 있다. 하나님 나라를 위한 하나님 나라 백성의 모습으로 교회에 관한 말씀에서 알 수 있는데, 특별히 에베소서의 말씀과 연관성을 찾을 수 있다.
 반면 누가복음 18:1~8의 비유는 비록 응답이 늦어도 담대하고 끈

---

14) Richard N. Longenecker, ed., *Into God's Presence* (Grand Rapids, MI: Wm. B. Eerdmans, 2001), 120.

질긴 기도를 하도록 권하는 비유이다. 누가복음 18:1, "예수께서 그들에게 항상 기도하고 낙심하지 말아야 할 것을 비유로 말씀하여"라고 말씀한다.

이 비유의 기도는 **첫째** 비록 응답이 늦을지라도 하나님을 신뢰하고 계속해서 기도하도록 가르친다. 예수님은 비유를 통하여 기도는 신자의 의무로 반드시 해야 한다는 의미로 '데이(δεῖ)'를 사용하고 있는데, 이 단어는 십자가 고난과 관련하여 사용한 단어이다(눅 2:49; 4:43; 9:22; 13:33; 17:25; 22:37; 24:7, 24, 44).[15] 그러므로 기도는 예수님의 가르침이면서 성도가 마땅히 해야 할 은혜의 도구이다.

둘째는 기도는 항상 해야 한다는 의미이다. '항상'(판토테, πάντοτε)해야 한다는 뜻은 누가복음 18:7의 밤낮 부르짖는다는 뜻이다. 예수님은 낮에 광야에서 기도(눅 5:15~16)하시고, 잡히시는 날 밤에도 기도하셨다(눅 22:40~45). 한편 바울은 항상 기도한다는 말 대신에 항상 감사한다는 말을 사용하고(엡 1:16; 골 1:3; 살전 1:2; 몬 1:4), 성령 안에서 항상 기도하고(엡 6:18), 쉬지 말고 기도하라고 가르친다(살전 5:17).[16]

셋째로 기도의 응답이 신속히 없더라도 실망하지 말아야 한다는 뜻이다. '낙망한다'(엔카케오, ἐγκακέω)는 동기나 의욕을 상실하여 일을 포기하는 뜻으로 사용되는데(눅 18:1; 고후 4:1, 16; 갈 6:9; 엡 3:13; 살후 3:13), 비유의 뜻에서 이해될 수 있다.[17]

이 문제에 대한 예수의 다른 가르침을 고려하면 그 답을 찾을 수 있을 것이다. 그것은 믿음에 대한 기도이다. 마가복음 11:24, "내가 너희에게 말하노니 무엇이든지 기도하고 구하는 것은 받을 줄로 믿으라

---

15) 유상섭, 「예수님의 기도로 돌아가자」(서울: 규장, 2004), 110.
16) 유상섭, 「예수님의 기도로 돌아가자」, 111.
17) 유상섭, 「예수님의 기도로 돌아가자」, 112.

그리하면 너희에게 그대로 되리라"라는 말씀에 근거하여 찾을 수 있다. 그런데 어떻게 그런 믿음을 키울 수 있는지에 대하여, 제자들이 방금 예수께서 무화과나무를 시들게 하는 것을 보고, 믿음이 산을 옮길 수 있다는 말을 들은 방식은 도움이 되지 않는다(막 11:20~23). 왜냐하면 이 말씀은 은유적이며 과장적 표현으로 여기는 견해가 있기 때문이다. 이런 일들이 어떻게 이루어지는가에 대한 성도의 관심사는 산을 움직이게 하는 것처럼 거창한 것이 아니고, 훨씬 실제적이고 평범한 일들을 현실적으로 이루어지는 것에 관해서이다.[18]

누가복음 11:5~8의 "밤중의 친구" 비유에서 침대에 있는 사람은 자기 자신과 빵을 구하러 오는 이웃 사이에 이미 우정이 있다는 사실 때문에 도움이 되는 것이 아니라 사회적 예의에도 불구하고 자정에 문을 두드리는 남자의 뻔뻔한 행동으로 해석함이 가능성 있고 가장 적절한 해석으로 여기기도 한다. 한밤중의 친구 비유의 교훈은 하나님이 그들의 친구이시기 때문에 제자들도 하나님을 향하여 그와 같은 뻔뻔함을 나타내야 한다는 것이 아니다. 그러면 그들은 "어떻게 기도해야 합니까?"라고 질문을 한다면, 비유는 이에 대해 말씀하지 않는다. 말씀하는 바는 그들이 구하는 것을 주저해서는 안 된다는 것이고, 또한 하나님께서 기도에 응답하실 것이라는 믿음을 가지고 의심하지 말고, 확신으로 하나님께 나아가야 한다는 것이다. 누가복음 11:5~8에서 말씀하는 기도 태도에 대하여 기도자는 하나님의 응답을 받기 위해 간절함 또는 지속적이고 강렬한 노력이 필요하다는 것을 암시하는 내용이 없고, 기도자는 하나님이 응답하실 때까지 긴 시간 동안 기도를 진행하여 기도의 청원을 하나님이 듣게 하여, 기도로 얻게 되기까지 기도함을 가르치고 있다.

---

18) Longenecker, ed., *Into God's Presence*, 121.

누가복음 11:1~8의 '과부와 불의한 재판장 비유'는 응답받는 것을 낙심하지 말고 항상 기도하라는 격려의 말씀이다. 그것은 판사가 과부의 공의에 대한 탄원에 결국 어떻게 반응하는지에 관한 것으로 그가 경건하고 공정하기 때문이 아니라, 그가 그 여자의 끊임없는 탄원에 지쳐가고 있고 그가 그녀에게 응답하지 않으면 그가 나쁜 평판을 받을 것이기 때문이다. 비유의 교훈은 대조의 관점에서 보면, 불의한 재판관이라도 이렇게 말하면 하나님이 그의 택하신 백성, 그의 택하신 백성의 원수를 갚을 것이라는 뜻이다.[19] 불의한 재판관의 비유는 응답이 즉각적이지 않더라도 하나님 자신이 어떤 분이시며 알고 기도자인 하나님의 백성과 관계를 맺고 있는 경우에는 그 백성의 기도에 응답하실 것이라는 확신이다.

비유의 요점은 기도가 즉시 응답되지 않더라도 계속 하나님께 기도해야 하며, 이러한 태도를 유지해야 한다. 오히려 사람들은 필요가 무엇이든 항상 기도해야 하며, 특히 하나님께서 자기 백성을 의롭다고 하심을 믿기 위해서라도 기도해야 한다는 것이다. 누가복음 18:1~8의 불의한 재판장의 비유는 하나님을 믿으라는 격려이고, 하나님께서 계시지 않거나 선하지 않다고 절망하거나 실망하지 말고 계속 기도하라고 권면하는 것이다.

누가복음 11:5~13의 비유와 말씀은 하나님을 믿는 믿음의 생각에 관한 것이다. 불의한 재판관의 비유는 원래 기도에 더 일반적으로 적용되었지만, 여기에서 예수께서는 환난 중에 있는 제자들의 상황과 인자의 오심을 갈망하는 제자들의 상황에 대해 구체적으로 언급하셨을 것이다. 이 모든 것은 기도에서 정말 중요한 요소가 자기 백성을 위해 선을 행하고 그들의 유익을 위한 자신의 목적을 성취하기를 원

---

19) Longenecker, ed., *Into God's Presence*, 122.

하시는 하나님의 성품임을 시사한다. 간구 기도는 올바른 신앙의 자세를 갖기 위한 청원자의 노력이 아니라 청원자의 성품에 달려 있으며, 간구 기도는 우리가 신실하고 선하신 하나님을 신뢰하는 법을 배우는 하나님과의 관계를 표현하는 것이다.[20]

누가복음 18:1~8의 '과부와 불의한 재판장 비유'의 비유 설명 이전에 누가복음 17:20~18:8의 문맥에서 이 기도의 비유를 해석해 보면, 이 기도는 일차적으로 '하나님 나라'가 완전히 임하기를 바라는 기도일 것이다. 그러나 누가의 방식에서 누가는 18:1에서 비유의 의미를 말하지 않고 비유의 목표와 적용을 암시한다.[21] 누가복음 18:1~8의 1절, "예수께서 그들에게 항상 기도하고 낙심하지 말아야 할 것을 비유로 말씀하여"로 시작함은 누가복음의 전개에서 중요한 전환을 소개하는 문학적 특징이다. 즉 18:1, "항상 기도하고 낙심하지 말아야 할 것"에서 기도 비유의 핵심적 가르침을 말씀한다. 이 강청하면서 끈질기게 하는 기도의 비유는 진지하게 하나님께 요청함으로 자신이 변화되고, 또한 강청하는 기도로 하나님의 역사하심을 깨닫게 됨에 도움을 준다.[22]

또한 18:2~5에서 기도자인 과부는 원한으로 인하여 간절히 기도하고 있다. 이는 '한나의 기도'에서 한나는 그녀의 원통함과 격분한 심정을 하나님께 아뢰고, 하나님은 그 기도를 들으시고 응답한다는 말씀의 내용이 반향 된다(삼상 1:15~16).

일반적으로 유대교 랍비는 하루 세 번 하는 기도에 비해 지속적 기

---

20) Longenecker, ed., *Into God's Presence*, 122.~23
21) Craig L. Blomberg, 「비유해석학」, 김기찬 역 (서울: 생명의말씀사, 1996), 345.
22) Grand Osborne, 「LAB 누가복음」, 김진선 역(서울: 성서유니온교회, 2003), 479.

도는 지루하게 여겼다. 본문에서 공의를 위한 원한의 청원은 수락되지 않고(18:3), 기도의 응답은 지연되고(18:4,7), 택한 자의 기도는 밤낮 부르짖는다(18:7). 예수님은 이 비유를 통하여 올바른 기도를 가르치고 있다.

비유의 등장인물은 재판장과 과부로 과부의 탄원은 절실하다(18:3, 5,7,8). 비유에서의 기도는 삶과 생계와 명예에 대한 사항이다. 처음에 재판장은 완고하게 대하나 과부의 끈질긴 간청에 재판장은 두려워하여 과부의 요청을 들어준다. 누가복음 18:4 하에서 "내가 하나님을 두려워하지 않고 사람을 무시하나"에서 재판장은 스스로 독백하고 있는데, 이로 인하여 재판장의 행동이 바뀌지는 않고, "이 과부가 나를 번거롭게 하니 내가 그 원한을 풀어주리라"(18:5)로 과부의 끈질김이 문학적으로 구성되어 있다. 누가복음 18:6~8에서 예수님은 탄식한다. 즉 누가복음 18:6에서, '주께서 이르시되'로 예수님께서 말씀하시고, 이후 18:7에서 "원한을 풀어주지 않겠느냐"라고 하시고, 11:8에서 "원한을 풀어주리라"라고 예수님께서 수사학적으로 비유의 결론을 설명한다.[23] 주목할 점은 누가복음 18:9에서 "내가 너희에게 이르노니 속히 그 원한을 풀어 주시리라 그러나 인자가 올 때에 세상에서 믿음을 보겠느냐 하시니라"로 예수님은 '믿음'을 강조하여 말씀하신다.

이 믿음은 "어떤 믿음인가?"라는 질문에 에드워즈는 '끈질긴 과부가 보여준 믿음'이라고 한다.[24] 이는 기도자가 기도의 내용을 하나님께 드릴 때 하나님께서는 기도자의 믿음을 보신다는 의미 해석이다. 그러면, 기도자의 믿음에 대하여 추가로 "하나님과의 관계를 신뢰

---

23) James R. Edwards, 「누가복음」, 강대훈 역(서울: 부흥과개혁사, 2019), 663.
24) Edwards, 「누가복음」, 666.

하는 믿음일까? 아니면 하나님께 기도하면 들어주신다는 약속에 대한 믿음일까?"라는 질문을 하게 된다. 히브리서 11:33~40, 믿음의 사람들은 하나님, 예수 그리스도 안에서 믿음으로 능력을 받았다. 엘리야는 믿음으로 기도하였고, 믿음의 기도에 역사가 일어났다. 많은 기도로 기도의 능력을 경험한 사람은 "하나님은 믿음의 기도에 응답하신다."[25]라고 한다.

이 주장에 동의하고, 하나님은 믿음의 기도에 응답하신다. 믿음 없이는 하나님을 기쁘게 하지 못한다. 하나님을 신뢰하지 못하는 믿음이 없는 기도는 응답받지 못한다. 하나님의 자녀들의 선행도 하나님을 믿는 신앙에서 비롯된다(고후 5:7, 히 11:5).[26]

옥성석은 "믿음은 하나님께 시선을 집중하는 것이다"라고 정의한다.[27] 우리는 "그러므로 믿음은 들음에서 나오고 들음은 그리스도의 말씀으로 말미암았느니라"(롬 10:17)를 통해 믿음은 말씀에서 나옴을 알 수 있다. 믿음이란 하나님이 분명히 계신 것과 그 하나님은 자기를 찾는 자에게 상을 주시는 분이심을 받아들이는 것이다.[28] 믿음은 하나님을 경배하는 것으로, 하나님은 선하시고 하나님은 계획하시는 것을 이루시는 분임을 신앙으로 고백하는 것이 믿음이다.[29]

믿음으로 '나온 바 고향'을 떠나 '더 나은 고향' 즉 '하나님의 나라'로 나아가면, 하나님께서는 우리를 하나님의 믿음의 사람으로 확증시켜주실 것이다.[30] 예수님은 기도에 모두를 쏟는 '다 걸기'를 하였는데, 왜냐하면 믿음은 '다 걸기'이고, 다 거는 믿음은 기적을 일어나게

---

25) Peter Deyneka, 「많은 기도 많은 능력」, 김영국 역(서울: 복음서회, 1995), 53-72.
26) 김남준, 「깊이 읽는 주기도문」(서울: 성명의말씀사, 2014), 184.
27) 옥성석, 「믿음사용설명서」(서울: 국제제자훈련원, 2010), 45.
28) 옥성석, 「믿음사용설명서」, 50.
29) 옥성석, 「믿음사용설명서」, 72~73.
30) 옥성석, 「믿음사용설명서」, 92.

하기 때문이다.[31] 믿음은 하나님을 붙잡는 것이다.[32] 인간은 하나님 앞에서 연약하지만 예수 그리스도를 믿는 믿음으로 하나님께 기도하며 믿음을 표현하고 간구하면, 하나님께서는 듣고 기도에 응답하실 것이다.

"하나님의 아들 예수 그리스도의 복음의 시작이라"(막 1:1)와 "때가 찼고 하나님의 나라가 가까이 왔으니 회개하고 복음을 믿으라"(막 1:15)의 말씀으로부터 기독교의 핵심이자 뿌리는 믿음이고, 믿음은 예수 그리스도로 말미암는다. 예수님의 존재와 예수님의 십자가와 부활을 믿는 믿음이다.

이 믿음은 예수 그리스도는 성경의 말씀을 이루신 분으로 제자들은 그가 이룬 하나님 나라의 복음을 전하며, 이를 통해 천하 만민에게 죄 사함의 회개를 하게 하고 구원하실 것을 믿는 것과, 하나님 나라의 백성들은 복음, 즉 하나님 나라의 증인이 된다는 말씀을 믿는 것이다(눅 24:25~27, 46~48). 인간을 구원하기로 하신 구원의 역사 속에 하나님의 선하신 뜻이 있다. 삼위 하나님이 하늘과 땅을 창조하였다.

인간은 하나님을 떠나는 죄를 지었지만, 하나님께서는 인간을 구원하기 위하여 여러 부분과 여러 모양으로 말씀하시고, 이 모든 날의 마지막에 아들을 통하여 역사하셨다(히 1:1~2). 성경은 구원하시는 역사 속에서 하나님의 뜻을 말씀하고 있기 때문에 말씀과 기도로 하나님의 뜻을 알고 행해야 한다. 성령께서는 사람을 거듭나게 만들어서 믿음을 가지게 한다(요 3:5~7). 성경 말씀을 듣고 믿음을 가지는데, 성령께서 말씀을 조명한다. 기도를 하게 되면 성령을 얻게 되고(눅 11:13), 그 성령은 기도자에게 믿음을 주며, 그 믿음으로 기도하게

---

31) 옥성석, 「믿음사용설명서」, 120~21.
32) 옥성석, 「믿음사용설명서」, 136.

된다. 따라서 "기도는 하나님의 말씀에 집중하여 하나님을 신뢰하는 믿음으로 하나님께 간구하는 것"이라고 할 수 있다.

이 두 비유가 가르치는 특징을 요약하면 다음과 같다. 두 비유의 공통점은 믿음으로 기도하라는 것으로 하나님을 알고 하나님을 믿는 믿음에 관한 사항이다. 두 비유의 주요 내용은 누가복음 11:5~8의 '한밤중의 친구 비유'는 하나님과의 관계를 친구와의 관계 속에서 비유를 설명한다. 하나님을 신뢰하고 관계 속에서 믿음으로 대담하게 기도하도록 가르침이며, 동시에 하나님이 기도를 듣고 응답하시도록 기도를 하도록 하는 비유이다.

이 비유는 하나님 나라와 관계되고, 하나님의 나라로 가는 길 위에서 완성을 향하게 하는 기도로 하나님 나라의 백성답게 삶에서 살아내는 것과도 관련이 있다. 누가복음 18:1~8의 '과부와 불의한 재판장 비유'는 과부와 불의한 재판관의 관계 속에서 설명했다. 불의한 재판관일지라도 간구하는 말을 듣고 응답하듯이 하나님께서 자기 백성이 기도하면 기도가 즉시 응답이 되지 않더라도, 자기 백성과 관계를 맺고 신뢰하고 있다면 기도자의 기도에 응답하실 것이라는 확신을 가르치는 비유이다. 이 기도는 일차적으로 '하나님 나라'가 완전히 임하기를 바라는 기도일 것이다. 누가복음 18:1, "항상 기도하고 낙심하지 말아야 할 것"에서 기도 비유의 핵심적 가르침을 말씀한다. 하나님의 존재에 대해 의심하거나 선하지 않다고 절망하거나 실망하지 말고, 계속 기도하라고 권면하는 것이다.

주님이 올 때에 세상에서 믿음을 보시겠다고 하신 그 믿음, 하나님이 과부의 한을 풀을 주실 것을 믿는 것처럼 하나님을 믿으며 하나님께 계속 기도해야 하며, 이러한 기도 태도를 유지해야 한다는 말씀이다.

2) 예수님의 기도 방법

① **기도의 대상을 부른다.**
하나님을 부른다. 하나님 아버지여.

② **공동체, 우리를 위한 기도이다.**
하나님의 이름을 거룩히 여김을 받으시옵소서.
우리(나)가 하나님의 이름을 더럽힌 죄를 고백한다.

③ **하나님의 나라가 이 땅에 임하도록 하나님의 뜻대로 기도한다.**
교회를 통하여 이 땅에 하나님 나라가 충만하게 이루어지도록 기도한다.
하나님이 어떤 분이신지를 알고, 하나님의 뜻대로 기도한다.

④ **일상의 필요를 간구하며 감사한다.**
일상의 삶, 가정과 직장을 위하여 기도한다.
오늘의 양식뿐 아니라 다시 오실 예수를 맞을 준비를 위해 기도한다.
해결되지 않는 문제의 해결도 간구한다.

⑤ **죄지은 자를 용서하고, 죄 사함을 간구하며 시험에 들지 않도록 기도한다.**
바른 인간관계를 위하여 기도한다.
복음을 전하며 복된 사람이 되도록 기도하며 행복을 기도한다.
병 치료 등을 간구한다.
이웃 사랑을 위하여 기도한다.

말씀과 연계된 기도. 예수님의 기도 명령, 예수님의 기도 생활로 살펴본다.

(1) 말씀과 연계된 기도

말씀과 연계된 기도는,
① **하나님 나라를 사모하는 자의 기도를 하라**(눅 18:18~30).
- 소유에 대한 문제를 결단해야 한다(22절).
- 재물은 죽음이후 가지고 갈 수 없다.
- 생사에 관한 문제를 해결해야 한다(24~25절).
- 하늘에 소망을 두고 하나님 나라를 위하여 살아야 한다(29절).
② **일상에서 영적 축복을 얻도록 기도 한다**(살전 5:16~18).
- 항상 기뻐하라(16절).
- 쉬지 말고 기도하라(17절).
- 범사에 감사하라(18절).
③ **이웃을 위하여 기도하라**(히 12:14).
- 모든 사람과 더불어 살아가며 사랑하며 화평을 이루어라.
- 거룩함을 이루어라.
④ **교회를 통하여 힘을 이루도록 기도하라**(행 2:42~47).
- 그리스도 안에서 교제하고 기도하라(42절).
- 나누도록 하라(44~45절).
- 하나님을 찬송하며, 예배하고 복음을 전하여 믿는 사람을 더하라(47절).
⑤ **다윗처럼 영원한 기업을 사모하고 기도하라**(대상 28:1~10).
- 하나님의 은혜를 고백하라(4절).
- 하나님의 나라를 우선하라(6절).
- 하나님의 법, 계명을 지키라(8절).

말씀은 하나님께서 자기 자녀, 자기 백성에게 말하는 것이다. 기도는 우리가 하나님께 말하는 것이다. 우리가 기도를 통해 하나님께 아뢸 때 하나님이 들으시고 응답하여 주신다. 기도는 호흡이고 대화이며 하나님과 교제하는 통로이다. 기도는 참으로 하나님의 뜻을 알고 영광되는 삶을 살도록 한다. 인간의 필요를 채워주고, 생명력을 주는 원동력이다.

예수님은 근본 하나님의 본체로, 우주와 만물을 창조하신 분이시며 하나님과 하나이신 예수 그리스도, 주님은 위대한 기도의 사람이다.

(2) 예수님의 기도 명령

예수님은 "다 내게로 오라. 나는 마음이 온유하고 겸손하니 나의 멍에를 메고 내게 배우라"(마 11:29)고 말씀했다. "항상 기도하고 낙망치 말라"(눅 18:1)고 하셨다. 예수님의 기도하는 올바른 태도를 배우고 주님이 보여주신 기도의 모범을 따르도록 해야 한다.

말씀과 연계된 예수님의 기도 명령을 살펴보면,

① **시험에 들지 않게 항상 깨어 기도하라**(막 14:38, 눅 21:36, 눅 22:40, 46).
"시험에 들지 않게 깨어 기도하라 마음에는 원이로되 육신이 약하도다 하시고"(마 26:41).
② **마지막 때를 위하여 기도하라**(마 24:20).
"너희의 도망하는 일이 겨울에나 안식일에 되지 않도록 기도하라"(마 24:20).
③ **너를 핍박하는 자를 위하여 기도하라**(마 5:44).

"나는 너희에게 이르노니 너희 원수를 사랑하며 너희를 박해하는 자를 위하여 기도하라"(마 5:44).

(3) 예수님의 기도 생활

예수님은 기도로 생활하셨다. 말씀에 나타난 예수님의 기도 생활은,

① **예수님의 새벽기도**(막 1:35)
예수님께서는 새벽기도를 하셨다. 아침에 일찍 일어나서 기도로 모든 것을 시작할 때, 건강하고 생명력이 넘치는 영적 생활을 유지할 수 있기 때문이다.

또한 다윗은 새벽기도의 중요성에 대한 확신을 가지고 있었다(시 5:3). 성경은 또한 말씀하기를 "새벽에 하나님이 도우시리니"(시 46:5)라고 가르쳤다.

② **예수님의 철야기도**(막 14:32~37, 눅 6:12)
"이때에 예수께서 기도하시러 산으로 가서 밤이 새도록 하나님께 기도하시고"(눅 6:12). 예수님은 밤이 새도록 하나님께 기도하셨다. 이것이 예수님의 철야기도 이다. 우리는 어떤 문제나 중요한 결단을 앞에 두고 있을 때, 철야하며 기도해야 한다.

③ **예수님의 금식기도**(마 4:2, 막 1:12~13, 눅 4:1~2)
예수님께서는 메시아적 사명을 감당하기 전에 40일 동안 금식기도를 하셨다. "사십 일을 밤낮으로 금식하신 후에 주리신지라"(마 4:2).

예수님께서 공생애를 시작할 때에 금식기도했다(눅 4:1~2). 사울이 처음 예수님을 만난 후, 회개할 때 금식기도하였다(행 9:8~9). 바울과 바나바를 선교사로 파송할 때 교회 성도들이 함께 금식기도했다(행 13:1~3). 또한 교회를 위해 장로를 택할 때, 금식기도했다(행 14:21~23). 금식기도는 특별한 요청이 있을 때 하게 된다.

④ **예수님의 중보기도**(눅 22:32, 요 17:9~11)

예수님께서는 늘 중보기도하셨다. "그러나 내가 너를 위하여 네 믿음이 떨어지지 않기를 기도하였노니 너는 돌이킨 후에 네 형제를 굳게 하라"(눅 22:32)고 하셨고, 또 "내가 그들을 위하여 비옵나니 내가 비옵는 것은 세상을 위함이 아니요 내게 주신 자들을 위함이니이다"(요 17:9)라고 중보기도 했다.

선지자 모세는 하나님 백성을 위해 하나님 앞에 간절한 마음으로 중보기도했다. "그러나 이제 그들의 죄를 사하시옵소서. 그렇지 아니하시오면 원하건대 주께서 기록하신 책에서 내 이름을 지워 버려 주옵소서"(출 32:32).

중보기도란 다른 사람들을 위해서 기도하는 것이다. 이것은 그리스도인들에게 매우 필요하고 중요한 것이다.

- 중보기도는 하나님의 요청이다(고후 1:11).
- 중보기도는 하나님의 팔을 움직인다(출 32:31~32).
- 주님께서는 중보기도의 본을 보이셨다(요 17:9).

마태복음 6:9~15; 7:7~11에서 기도와 하나님 나라와 마태복음 6:9~13과 누가복음 11:2~4의 가르침 비교와 마태복음과 누가복음의 문학적 구조 차이와 산상수훈과 연계된 기도의 해석을 본서에서 지면상 생략한다.

3) 마태복음 7:7~11과 누가복음 11:5~13의 가르침 비교

마태복음 7:7~11과 누가복음 11:5~13의 가르침의 비교표에서 알 수 있듯이 마태복음과 누가복음의 차이점은 기도의 비유에 대한 유무에도 있다.

비유 해석의 원리에 대하여 중요한 점은 첫째는 하나의 중요한 핵심적 요점을 찾고, 둘째는 비유 당시의 삶의 정황을 알고, 복음서 기자의 해석을 알아야 한다.[33] 스타인(Robert H. Stein)은 여기에 "하나님께서 그 비유를 통해서 오늘날 우리에게 무엇을 말씀하시는지를 찾으라"라고 한다.[34] 즉 예수님이 비유로 하시는 말씀의 의도를 제대로 해석해야 한다. 예수님은 누가복음 11:5~13의 기도에서 지속성과 불굴의 투지의 중요성(눅 11:5~8)과 제자들의 기도에 하나님이 응답하신다는 확신(눅 11:9~13)을 비유의 말씀으로 주셨다.[35]

마태복음 7:7~11과 누가복음 11:5~13 두 본문의 비교표이다. 본문의 비교에서 큰 차이는 누가복음에서는 기도에 대한 비유가 있다는 것이고 표현에 있어서 단어 사용의 차이점이 있다.

---

33) 이훈구, 「비유 연구와 해설」(서울: 연합, 1992), 111~18.
34) Robert H. Stein, 「예수님의 비유」, 명종남 역 (서울: 새순출판사, 1994), 141.
35) Sharon H. Ringe, *Luke* (Louisville: Westminster John Knox Press, 1995), 165.

	마태 7:7~11	누가 11:5~13
기도의 비유	없음	11:5~8 비유
기도의 자세	구하라 그러면 너희에게 주실 것이요 찾으라 그리하면 찾아낼 것이요 문을 두드리라 그러면 너희에게 열리니	내가 또 너희에게 이르노니 구하라 그러면 너희에게 주실 것이요 찾으라 그러면 찾아낼 것이요 문을 두드리라 그러면 열릴 것이니
	구하는 이마다 받을 것이요 찾는 이는 찾아낼 것이요 두드리는 이에게는 열릴 것이니라	구하는 이마다 받을 것이요 찾는 이는 찾아낼 것이요 두드리는 이에게는 열릴 것이니라
	너희 중에 누가 아들이 떡을 달라 하는데 돌을 주며 생선을 달라 하는데 뱀을 줄 사람이 있겠느냐	너희 중에 아버지된 자로서 누가 아들이 생선을 달라 하는데 생선 대신 뱀을 주며 알을 달라 하는데 전갈을 주겠느냐
기도로 받는 것	너희가 악할지라도 좋은 것으로 자식에게 줄 줄 알거든 하물며 하늘에 계신 너희 아버지께서 구하는 자에게 좋은 것으로 주시지 않겠느냐	너희가 악할지라도 좋은 것을 자식에게 줄 줄 알든 하물며 너희 하늘 아버지께서 구하는 자에게 성령을 주시지 않겠느냐 하시니라

누가복음의 기도 비유는 11:5~8과 18:1~8에 위치하여 있다. 지속적인 기도의 비유는 기도자가 기도할 때, 기도를 들으시는 하나님을 신뢰할 뿐만 아니라, 기도하는 제자들이 하나님 앞으로 나아가는 자신감을 다루고 있다.[36]

누가복음 11:5~8의 기도의 비유는 두 친구와 예수님이 너라고 표

---

36) David Crump, *Jesus the Intercessor* (Grand Rapids, MI: Baker Books, 1992), 131.

현하는 사람이 등장한다. 한 친구는 마을에 사는 사람이고 한 사람은 갑자기 한 밤중에 여행 중에 찾아온 친구이다. 마을 친구는 떡이 없어 예수님이 너라고 표현하는 자에게 가서 떡 세 덩이를 달라고 한다. 이 비유의 논리는 그 시대 문화에서 '수치'에 달려 있고, 예수님이 너라고 표현한 자는 친구됨으로서는 아닐지라도 그 시대 환대문화에서 그 다음날 마을 전체에서 받을 수치심을 피하기 위해서라도 떡을 줄 것이다.[37] 누가복음의 여행기사에서 제자들에게 가르치는 기도에 '날마다 일용한 양식'은 기도의 비유에서 '떡 세 덩어리'와 관계가 반영되고, '구하고 찾고 두드리라'(눅 11:9~10)는 밤중에 친구를 찾는 비유(눅 11:5~8)와 같이 기도자에게 필요한 것을 돌보시는 하나님을 찾게 된다.[38]

이 비유에서 말씀하는 의도는 하나님께 기도하면 하나님은 들어주신다는 것이다. 하나님은 자기 백성의 기도를 들으시는 하나님의 품성으로 인하여 기도를 들어주신다는 해석이 가능하다.

두 본문의 차이점은 11:13의 표현에 있다. 즉 누가복음 11:13에서 누가가 기도로 받는 것은, '성령'인데 마태가 말하는 것은 '좋은 것'인 점이 다르다. 마태는 하나님이 좋은 것을 주신다는 넓은 영역에서 제시한다. 그러나 누가는 '성령'을 주시는 것으로 영적 권능이라는 영역에 초점을 맞춘다.

마태복음에서 '좋은 것'이 누가복음에서 '성령'으로 된 것은 누가복음 10:17~20에서 알 수 있다. 10:18, "예수께서 이르시되 사탄이 하늘로부터 번개같이 떨어지는 것을 내가 보았노라"하고, 19절에서 예수님은 제자들에게 "뱀과 전갈을 밟으며 원수의 모든 능력을 제

---

[37] Brendan Byrne, *The Hospitality of God* (Collegeville, MI: Liturgical Press, 2000), 105.
[38] David P. Mossner, *Lord of Banquet* (Harrisburg, PA: Trinity Press, 1989), 145.

어할 권능을 주었다"라고 하셨다. 뱀과 전갈은 사탄의 능력을 표현하는데, 이를 제어하는 능력을 주었다. 그리고 누가 10:21~22에서 예수님께서는 성령으로 기뻐하시고, "천지의 주재이신 아버지여 이것을 지혜롭고 슬기 있는 자들에게는 숨기시고 어린아이들에게는 나타내심을 감사합니다. 옳소이다. 이렇게 된 것이 아버지의 뜻이니이다"라고 말씀하신다. 그리고 "내 아버지께서 내게 모든 것을 주셨으니 아버지 외에는 아들이 누구인지 아는 자가 없고 아들과 또 아들의 소원대로 계시를 받는 자 외에는 아버지를 아는 자가 없나이다"라 말씀하셨다. 하나님은 아들을 통해 하나님의 하신 일을 계시한다. 예수님께서 성령으로 기뻐하신다. 체스터(Tim Chester)는 누가복음 10:18~20과 누가복음 11:11~13과 직유로 유사하다고 설명했다.[39]

하나님은 사명을 감당하도록 간구하는 기도자에게 성령을 주어서 약속을 이루신다. 누가복음의 간구는 사도행전의 2장에서 성취되는 것으로 보는 초점으로 영적 영역이라고 보는 견해가 있다.[40] 그런데 저자는 누가복음 간구의 기도가 사도행전 2장에서 성취되는 영적 영역뿐 아니라 삶의 모든 영역에 확대하여 적용되어야 한다는 견해이다. 왜냐하면 우리는 우리 삶의 모든 영역에서 성령의 임재를 느끼면서 살아가야 하며, 모든 삶의 순간에도 성령을 받을 수 있다고 여기기 때문이다.

마태와 누가에 모두 다 있는 내용은 '나라가 임하시며'인데, 이는 스가랴 14:9, "여호와께서 천하의 왕이 되고, 그날에는 주는 홀로 한 분이실 것이요 그의 이름이 하나이실 것이라"를 반향(echo)한다. 즉 이 간구는 사탄의 통치를 물리치고 하나님의 통치가 가까이 왔음을 드러내고 예수님의 치유 사역으로 세상에서 사탄의 권세가 막바지에

---

39) Tim Chester, *The Message of Prayer* (Nottingham: Inter Varsity Press, 2003), 48.
40) Darrell L. Bock, 「NIV적용주석 누가복음」, 조호진 역 (서울: 솔로몬, 2016), 409.

이르렀음을 나타낸다(9:11; 10:9).[41]

　마태복음과 누가복음에 있는 기도에 대한 '책-간 본문성' 분석을 하였다. 공통점과 차이점을 연구하였다. 단어 사용상의 차이도 있으나, 그 의미하는 바는 유사하다고 해석한다. 특징으로 차이점은 마태는 예수가 산상수훈의 가르침대로 사는 '의로운 삶'을 살아내기 위하여 기도를 가르친다면, 누가는 아버지의 뜻을 이루기 위하여 예루살렘으로 가는 길에서 기도를 가르치고, 그 기도를 통하여 성령을 받을 것을 설명한다. 마태복음의 기도의 가르침의 특징은 누가복음에 비해 추가된 점이 있다. 예를 들면, 마태에서 나라의 임하심에 '하늘에서와 같이 땅에서도'(마 6:10)가 후렴구로 있다는 점이다.
　마태복음과 누가복음에 담긴 예수님의 기도 가르침 비교를 통하여, 예수님의 기도 가르침의 목적과 의도가 '하나님 나라'를 이 땅에 이루게 하신 기도를 자기 백성이 기도하기를 원하시며 하나님 나라의 사역을 동역하시길 원하심을 알 수 있다. 또한 자기 백성을 통해 이루고자 하는 하나님 나라와 관련하여 하나님 나라 백성답게 자기 백성이 어떻게 살아가야 하는지에 대한 삶의 방식을 가르쳐 주고 있음을 알 수 있다.

---

41) David E. Garland, *Zondervan Exegetical Commentary on the New Testament Luke* (Grand Rapids: Zondervan, 2011), 463.

4) 예수님 기도의 적용

① 기도의 대상을 부른다.
하나님을 부른다. 하나님 아버지여.

② 공동체, 우리를 위한 기도이다.
하나님의 이름을 거룩히 여김을 받으시옵소서.
우리(나)가 하나님의 이름을 더럽힌 죄를 고백한다.

③ 하나님의 나라가 이 땅에 임하도록 하나님의 뜻대로 기도한다.
교회를 통하여 이 땅에 하나님 나라가 충만하게 이루지도록 기도한다. 하나님이 어떤 분이신지를 알고, 하나님의 뜻대로 기도한다.

④ 일상의 필요를 간구하며 감사한다.
일상의 삶, 가정과 직장을 위하여 기도한다.
오늘의 양식뿐 아니라 다시 오실 예수를 맞을 준비를 위해 기도한다. 해결되지 않는 문제의 해결도 간구한다.

⑤ 죄지은 자를 용서하고, 죄 사함을 간구하며 시험에 들지 않도록 기도한다.
바른 인간관계를 위하여 기도한다.
복음을 전하며 복된 사람이 되도록 기도하며 행복을 기도한다.
병 치료 등을 간구한다.
이웃 사랑을 위하여 기도한다.

(1) 말씀이 인도하는 기도

① 하나님 나라를 사모하는 자의 기도를 하라(눅 18:18~30).
- 소유에 대한 문제를 결단해야 한다(22절).
- 재물은 죽음이후 가지고 갈 수 없다.
생사에 관한 문제를 해결해야 한다(24~25절).
- 하늘에 소망을 두고 하나님 나라를 위하여 살아야 한다(29절).

② 일상에서 영적 축복을 얻도록 기도 한다(살전 5:16~18).
- 항상 기뻐하라(16절).
- 쉬지 말고 기도하라(17절).
- 범사에 감사하라(18절).

③ 이웃을 위하여 기도하라(히 12:14).
- 모든 사람과 더불어 살아가며 사랑하며 화평을 이루어라.
- 거룩함을 이루어라.

④ 교회를 통하여 힘을 이루도록 기도하라(행 2:42~47).
- 그리스도 안에서 교제하고 기도하라(42절).
- 나누도록 하라(44~45절).
- 하나님을 찬송하며, 예배하고 복음을 전하여 믿는 사람을 더하라(47절).

⑤ 다윗처럼 영원한 기업을 사모하고 기도하라(대상 28:1~10).
- 하나님의 은혜를 고백하라(4절).
- 하나님의 나라를 우선하라(6절).
- 하나님의 법, 계명을 지키라(8절).

특별히 정해진 시간과 장소에서 꾸준히 믿음으로 기도한다.
일상에서 지속적으로 기도한다.

(2) 예수님 새벽 기도

성경적 근거를 살펴본다.

예수님께서는 새벽에 기도하셨다. "새벽 아직도 밝기 전에 예수께서 일어나 나가 한적한 곳으로 가사 거기서 기도하시더니"(막 1:35). "그는 육체에 계실 때에 자기를 죽음에서 능히 구원하실 이에게 심한 통곡과 눈물로 간구와 소원을 올렸고 그의 경건하심으로 말미암아 들으심을 얻었느니라"(히 5:7).

시편에서도 새벽에 일어나 기도함을 알 수 있다. "내가 날마다 밝기 전에 부르짖으며 주의 말씀을 바라사며(시 119:147)"라고 하나님의 말씀을 삶의 푯대로 정직히게 살려고 부르짖으며 기도하고 있다.

하나님께 개인적으로 나아가서, 영적 교제를 하였다. 기도할 시 방해 받지 않고 온전히 기도 드리는 장소와 시간이 있음을 알 수 있다.

기도할 때 기도의 목표가 있다. 구체적인 목표가 있어야 한다. 하나님의 임재를 느끼며 하나님과 교제하며 구체적 목표에 다른 하나님의 뜻을 구하는 것이다. 영이신 하나님께서 영혼의 가장 깊은 곳에서 알려주실 것이다. 예수 그리스도의 이름으로 죄를 고백하고 하나님의 은혜에 감사하며 기도자의 바램을 하나님께 아뢰면 하나님께서 듣고 응답하실 것이다.

하루를 열면서 하나님을 알고 인간을 알며 기도해야 한다.
인간에 대해서 살펴본다. 이에 대해 기도해야 한다. 예를 들어본다.

인간은 죄의 본성을 가지고 있다(롬 7:23).
세상은 인간을 유혹한다(벧전 5:8).

인간은 자신을 열등하다고 여긴다.
인간은 과거에 집착하여 자신을 바르게 보지 못한다.
인간은 먹을 것, 물질의 환경에 지배받기도 한다.
병에 아픔을 가진다.
인간은 편하길 원하며 자신을 높이며 자랑하기도 한다.
인간은 시간 사용에 지혜롭지 못하니 세월을 아껴야 한다.
소극적인 자아에서 나아와야 한다.
사람, 헛된 세상 권력에 의지하려고 한다.

예수님의 기도를 기반으로, 새벽기도의 기도문의 예이다.

하나님 아버지, 주님의 은혜와 사랑을 찬양합니다.
하나님의 이름이 거룩히 받으시옵소서.
오늘 하루도 하나님의 나라가 저에게 충만히 이루어지게 하옵소서.
하나님의 뜻대로 살아가게 하옵소서.
새로운 날 주심을 감사합니다.
말씀으로 심령이 변화되고 하나님이 기쁘게 하는 뜻대로 세상에 복음을 전하고, 이웃을 사랑하고 섬기며 살아가게 하옵소서.

알게 모르게 지은 죄를 용서하옵소서. 죄를 짓지 않도록 하옵소서.
상처를 주거나 받지 않도록 하옵소서.
하나님의 죄 사함의 권세로 사하여 주옵소서.

오늘 계획된 일들과 해야 할 일들을 하게 하옵소서.
이에 시험에 들지 않게 하시고 유혹받지 않으며 이기게 하옵소서.
성령님 선하게 인도하시고, 심령에 의와 평강과 희락이 있게 하옵소서.
생명을 살리는 사역들을 하게 하옵소서.

무거운 짐들은 주님 앞에 내려놓고, 하나님께 의지하게 하소서.
범사에 형통하게 하옵소서.

이 시간, 은혜를 사모하는 하나님의 사람들이 하나님을 만나게 하시고
축복하옵소서.
세상의 악에 물들지 않게 하시고, 고통받는 자, 가난한 자,
문제를 가지고 있는 자, 아픈 자들을 돌아보시고,
해결해 주시고, 부하게 하시고, 나음을 얻도록 하옵소서.
예수 그리스도의 이름으로 기도를 드립니다. 아멘.

(3) 예수님 병 치유의 기도

성경적 근거를 살펴본다.
예수님이께서는 우리의 질병을 담당하신다. "그가 찔림은 우리의 허물을 때문이요 그가 상함은 우리의 죄악때문이라 그가 징계를 받음으로 우리가 평화를 누리고 그가 채찍에 맞음으로 우리가 나음을 받았도다"(사 53:5).
"저물매 사람들이 귀신 들린 자를 많이 데리고 예수께 오거늘 예수께서 말씀으로 귀신들을 쫓아 내시고 병든 자를 다 고치시니 이는 선지자 이사야를 통하여 하신 말씀에 우리 연약한 것을 친히 담당하시고 병을 짊어지셨도다 함을 이루려 하심이더라"(마 8:16~17).

신약성경에 예수님께서 병 고치신 실례들이 있다.

① 귀신을 쫓아내심(막 1:23~28, 눅 4:33~37)
② 베드로의 장모 고치심(마 8:14~17, 막 1:29~34, 눅 4: 38~41)
③ 나병병자를 고치심(마 8:1~4, 막 1:40~45, 눅 5:12~16)

④ 중풍병자를 고치심(마 9:2~8, 막 2:2~12, 눅 5:18~26)
⑤ 베데스다 못가 병자 고치심(요 5:2~16)
⑥ 손 마른 자를 고치심(마 12:9~13, 막 3:1~5, 눅 6:6~10)
⑦ 백부장의 하인을 고치심(마 8:5~13, 눅 7:2~10)
⑧ 나인성 과부의 아들을 살리심(눅 7:11~17)
⑨ 귀신을 쫓아내심(마 8:28~34, 막 5:1~20, 눅 8:26~39)
⑩ 혈루증 앓던 여인을 고치심(마 9:20~22)
⑪ 야이로의 딸을 살리심(마 9:18~10, 23~36, 막 5:22~24, 35~43, 눅 8:41~42, 49~56)
⑫ 두 맹인을 고치심(마 9:27~34, 마 20:29~34, 눅 18:35~4)
⑬ 게네사렛에서 병을 고치심 (마 14:34~36, 막 6:53~56)
⑭ 귀먹고 말 더듬는 자를 고치심(막 7:32~37)
⑮ 벳세다에서 귀신들린 자를 고치심(눅 9:37~43)
⑯ 간질병들린 아이들 고치심(마 17:14~21)
⑰ 나면서 맹인된 자를 고치심(요 9:1~41)
⑱ 나사로 살리심(요 11:1~46)
⑲ 십팔 년간 꼬부러져 조금도 펴지 못한 여인 고치심(눅 13:16~17)
⑳ 수종병자를 고치심(눅 14:1~6)

제자들이 병 고친 사례들이다.
① 베드로와 요한이 못 걷게 된 이를 고침(행 3:1~11)
② 베드로가 중풍병자 애니아를 고침(행 9:33~35)
③ 베드로가 죽은 다비다를 살림(행 9:37~43)
④ 바울이 나면서부터 걷지 못하는 자를 고침(행 14:8~10)
⑤ 바울이 귀신들린 여종을 고침(행 16:16~18)
⑥ 바울이 유두고를 살림(행 20:9~12)

예수님께 신유를 간구한 예를 살펴보면,
"한 나병환자가 나아와 절하고 이르되 주여 원하시면 저를 깨끗케 하실 수 있나이다 하거늘"(마 8:2).
"주여 내 아들을 불쌍히 여기소서 저가 간질로 심히 고생하여 자주 불에도 넘어지며 물에도 넘어 지는지라 내가 주의 제자들에게 데리고 왔으나 능히 고치지 못하더이다"(마 17:15~16, 18).
"맹인 두 사람이 길 가에 앉았다가 예수께서 지나 가신다 함을 듣고 소리 질러 가로되 주여 우리를 불쌍히 여기 소서 다윗의 자손이여 하니"(마 20:30).

신유기도의 필요성이다.
① 하나님의 명령이며 약속이다.
"그러므로 내가 너희에게 말하노니 무엇이든지 기도하고 구하는 것은 받은 줄로 믿으라 그리하면 너희에게 그대로 되리라"(요 14:14).
"내 이름으로 무엇이든지 내게 구하면 내가 시행하리라"(막 11:24).
"아무 것도 염려하지 말고 오직 모든 일에 기도와 간구로, 너희 구할 것을 감사함으로 하나님께 아뢰라"(빌 4:6).
② 병은 사탄의 공격인 까닭이다.
"그러면 십 팔년 동안 사단에게 매인바 된 이 아브라 함의 딸을 안식일에 이 매임에서 푸는 것이 합당치 아니하냐"(고후 12:7). "여러 계시를 받은 것이 지극히 크므로 너무 자만하지 않게 하시려고 내 육체에 가시 곧 사단의 사자를 주셨으니 이는 나를 쳐서 너무 자만하지 않게하려 하심이니라"(눅 13:16).
③ 병 나음은 하나님의 영광을 위한 길인 까닭이다.
"예수께서 들으시고 이르시되 이 병은 죽을 병이 아니라 하나님의 영광을 위함이요 하나님의 아들로 이를 인하여 영광을 얻게 하려함이라 하시더라"(요 11:4).

④ 병 나음은 성령님의 역사인 까닭이다.
"그러므로 형제들아 우리가 빚진 자로되 육신에게 져서 육신대로 살 것이 아니니라"(롬 8:12).
"많은 귀신을 쫓아내며 많은 병인에게 기름을 발라 고치더라"(약 5:14).
"너희 중에 병든 자가 있느냐 저는 교회의 장로들을 청할 것이요 그들은 주의 이름으로 기름을 바르며 위하여 기도할지니라"(막 6:13).

신유기도에 임할 태도이다.
① 먼저 죄를 자백하고 버려야 한다.
"이러므로 너희 죄를 서로 고하며 병 낫기를 위하여 서로 기도하라 의인의 간구는 역사하는 힘이 많으니라"(요 5:14). "그 후에 예수께서 성전에서 그 사람을 만나 이르시되 보라 네가 나았으니 더 심한 것이 생기지 않게 다시는 죄를 범치 말라 하시니"(약 5:16).
② 치유하시는 것이 하나님의 뜻이다.
"자기 아들을 아끼지 아니하시고 우리 모든 사람을 위하여 내어주신 이가 어찌 그 아들과 함께 모든 것을 우리에게 은사로 주지 아니하시 겠느뇨?"(롬 8:32).
③ 그러나 언제나 치유하시는 것만이 하나님의 뜻은 아님을 알아야 한다.
"여러 계시를 받은 것이 지극히 크므로 너무 자만하지 않게 하시려고 내 육체에 가시 곧 사단의 사자를 주셨으니 이는 나를 쳐서 너무 자만하지 않게하려 하심이니라"(고후 12:7~9).
"우리가 알거니와 하나님을 사랑하는 자 곧 그 뜻대로 부르심을 입은 자들에게는 모든 것이 합력하여 선을 이루느니라"(롬 8:28).
④ 의사나 약을 통한 신유를 잊지 말라.
"이사야는 이르기를 한 뭉치 무화과를 취하여 종처에 붙이면 왕이 나으리라 하였었고"(사 38:21).

"이제부터는 물만 마시지 말고 네 비위와 자주 나는 병을 인하여 포도주를 조금씩 쓰라"(딤전 5:23).
⑤ 인간이 완전히 포기했을 때 그때부터 하나님의 사역은 시작되는 것이다.
- 삼십 팔 년 된 병자를 고치심(요 5:2~16)
- 죽은 나사로를 살리심(요 11:1~46)
- 나면서 맹인된 자를 고치심(요 9:1~41)
- 베드로와 요한이 못 걷게 된 이를 고침(행 3:1~11)
- 베드로가 중풍병자 애니아를 고침(행 9:33~35)

기도를 통한 치유들이다.
① 용서 기도를 통한 치유(막 11:25, 마 5:24, 대하 7:14)
② 합심기도를 통한 치유(약 5:14~15)
③ 능력 기도를 통한 치유(막 16:17~18, 행 3:6~7, 8:7~8)

기도를 통해서 하나님은 전능하심을 체험하게 된다.
기도를 통해서 우리는 하나님과 교제를 한다.
기도를 통해서 하나님의 섭리를 읽는다.

하나님께 신유 기도를 드리는 신유 기도문의 예로.

하늘에 계신 우리 아버지.
하나님의 선하심과 인자하심이 영원하심을 찬양합니다.
하나님께서 저의 영혼을 구원해 주심에 감사합니다.
치료하시는 하나님

(각자의 치유되어야 할 것들을 기도한다.)

주님, 보혈의 피로 저의 병을 고쳐 주옵소서.
저의 죄와 허물을 용서하시고 사하여 주옵소서.
성령님, 지금 임하여 주옵소서.
예수님의 피 묻은 손으로 고치시고 치료하여 주옵소서.
주님의 피 공로에 의지합니다.
아픈 곳과 상처를 깨끗이 치료하여 주옵소서.
예수의 피로 나음을 얻게 하옵소서.
아픈 곳과 상처들은 나아질지어다.
하나님, 직접 져주시고 고쳐 주옵소서.
예수님, 안수하여 주옵소서.
성령님, 사로잡아 주옵소서, 강하게 치료하여 주옵소서.
고쳐 주심에 감사합니다.
하나님, 영광을 받아 주옵소서.
예수 그리스도의 이름으로 기도 드립니다. 아멘.

4. 바울의 기도

1) 에베소서 1:15~23에서의 기도와 하나님 나라

누가복음과 에베소서 본문의 '책-간 본문성' 연구는 기도와 하나님 나라에 대하여 누가복음의 예수님 기도의 가르침과 에베소서 본문에서 바울이 하는 기도의 내용 속에 담긴 의미와 연관성을 알고자 함에 있다. 에베소서 1:15~23에서 사도바울은 예수님이 가르친 기도를 풍성하게 해석하여 기도하고 있다.

본서에서는 누가복음 11:1~13과 에베소서 1:15~23의 가르침을 비교하고, '책-간 본문성' 연구를 통하여 기도와 하나님 나라에 관하여 신학적 해석을 한다. 저자는 바울 사도는 에베소서 1:15~23에서 예수님의 기도 가르침에 대하여 재해석하여 기도를 하고 있다. 그러하다는 근거를 다음과 같이 설명한다.

(1) 누가복음 11:1~13과 에베소서 1:15~23의 가르침 비교

연구 본문인 누가복음 11:1~13과 보조 본문인 에베소서 1:15~23의 구조를 배경/도입, 기도, 부연 설명, 결론으로 나눌 수 있다면, 상호 연관성이 있다.

에베소서 1:15~23을 대상으로 간략하게 해석한 후에 누가복음 11:1~13과 책-간 본문성 연구를 하고자 한다.

에베소서 1:15의 문맥 구성에 대하여 살펴보면, 바울은 기도에서 축복 혹은 베라카(*berakah*, "…한 자에게 하나님이 복주시되")라는 양식을 사용한다. 이러한 양식은 구약성경에서 구원과 공급하심의 행위에 대한 반응으로(창 14:20; 24:27), 이후 제사의식과 연계하여 이스라엘 예배에 나타나는데, 특별히 왕상 8:15, 56에서 성전 봉헌 기도는 베라카 형태로 시작과 기도가 마무리되며, 이가 발전되어 시편(시 41:13; 72:19, 89:52, 106:48)에서 각 책의 마무리로 사용되었다.[42] 70인경에서 히브리어 바룩(*bārûk*)을 번역하기 위해 축복인 '복이 있다(율로게토스, εύλογητὸς)'를 사용하였고, 쿰란 문헌(IQS 11.15; 1QH 5.20 외)과 누가복음에 나오는 스가랴의 기도(눅 1:68~75), 그리고 랍비 유대교 세모네 에스레(*Semoneh Esreh*)의 기도문에도 나온다.[43] 에베소서 1:15~23은 베라카(*berakah*)처럼 감사를 긴 문장으로 구성하고 있다.[44]

바울은 기도를 시작하면서 1:16, '내가 기도할 때에 기억하며'라고 한다. 기도 시에 '기억한다'라고 표현하는 형태는 헬라의 파피루스에서 나타나고, 마카비1서 12:11에서도 이런 문체의 특징이 있으며, 데살로니가전서 1:2; 로마서 1:9; 빌레몬서 4절에도 나타난다.[45] 바울은 기도할 때 도시와 민족을 위해 기도했고, 하나님께 감사했고 바울이 서신의 수신자 너희를 말한다고 했다(롬 1:9; 고전 1:4; 빌 1:3~4; 골 1:3, 9; 살전 1:2; 살후 1:11).[46] 바울의 기도는 바울 자신이 알고 있는 내용을 활용하고 하나님 앞에 기도할 내용을 간청하고 있다. 이는 누가복음에 있는 주의 기도의 가르침을 보완해 주는 바울의 기도 태도이다. 성도는 성도의 지식과 경험을 바탕으로 하나님께 지혜를 구하는 기도를 함으로써 기도의 깊이를 더해 갈 것이다. 바울이 구원을 받은 성도가 하나님께 감사하고 기도하는 이유는 그리스

---

42) Andrew T. Lincoln, 「WBC 에베소서」, 배용덕 역 (서울: 솔로몬, 2006), 153.
43) Lincoln, 「WBC 에베소서」, 153.
44) Lincoln, 「WBC 에베소서」, 214.
45) Lincoln, 「WBC 에베소서」, 226.
46) John Chrysotom, 「요한 크리소스톰 에베소서 강해」, 송영의 역 (서울: 지평서원, 1998), 45.

도 안에서 행하신 하나님의 구원하심과 하나님 나라의 통치에 감사하기 때문이라고 말한다.[47]

1:17의 "지혜와 계시의 영을 너희에게 주사 하나님을 알게 하시고"(ἵνα … δώῃ ὑμῖν πνεῦμα σοφίας καὶ ἀποκαλύψεως ἐν ἐπιγνώσει αὐτοῦ- 히나…도에 휘민 퓨뉴마 소피아스 카이 아포칼립세오스 엔 에피그노세이 아우투)는 바울이 하나님을 부르고, 기도를 시작한 내용이다. 이 내용은 1:18에서 "하나님은 모든 지혜와 총명을 우리에게 넘치게 하시는 분"으로 찬송한 하나님이다. 바울은 기도에서 성도들이 은혜로 공급해 주시는 그 하나님을 알게 하도록 기도하고 있다.[48] 기도로 하나님의 영에 호소하고, 성령의 조명으로 하나님의 진리를 알게 하도록 기도한다. 영적 지식의 출처는 하나님이시고, 하나님의 아버지에 관한 지식은 계시이며, 이것은 자연적 수단이 아니라 성령을 통해서인데, 이는 마음의 눈을 통해서 하나님께서 비추어 주신다.[49]

1:18~19은 바울의 기도 중에 삼중적으로 지식을 간구하는 기도로 이 기도의 문장에서 무엇이며(티스, τίς), 무엇이며(티스, τίς)와 19절의 어떤 것(티, τί)으로 구성되는 지식을 구하는 기도이다.[50] 그 지식은 하나님의 부르심이 가져오는 소망에 대한 지식, 성도 안에서 그의 기업 안에 간직되고 있는 영광의 풍성에 대한 지식, 그리고 그의 능력이 무한함에 대한 지식이다. 하나님의 부르심은 그리스도의 삶의 시작이라면, 하나님의 기업은 베드로가 "썩지 않고 더럽지 않고 쇠하지 아니하는 유업을 잇게 하시나니 곧 너희를 위하여 하늘에 간직하

---

47) Richard D. Phillips, *Chosen in Christ: The Grory of Grace in Ephesians 1* (Phillipsburg, NJ: P&R Publishing, 2004), 232~33.
48) Lincoln, 「WBC 에베소서」, 227.
49) Donald Guthrie, *Exploring God's Word: Bible Guide to Eplesians, Philippians and Colossians* (Grand Rapids, MI: William B. Eerdmans Publishing, 1984), 34.
50) Lincoln, 「WBC 에베소서」, 230.

신 것"(벧전 1:4)으로 최종적인 기업이다.[51] 하나님의 능력은 예수 그리스도를 죽은 자 가운데 살리시고, 그리스도로 하늘 보좌 우편에 앉으시고, 교회의 머리로 삼으심에 있다(엡 1:20~23).[52]

1:20에서 "그의 능력이 그리스도 안에서 역사하사 죽은 자 가운데서 다시 살리시고"("Ἣν ἐνήργησεν ἐν τῷ Χριστῷ ἐγείρας αὐτὸν ἐκ νεκρῶν- 헨 에네르게센 엔 토 크리스토 에게이라스 아우톤 에크 네크론), 여기서 성도들이 사용할 수 있는 능력의 범위는 하나님께서 그리스도 안에서 이미 행하신 십자가의 죽음 이후에 일으키시고 그리스도를 높이신 일이고, '역사하사'(에네르게센, ἐνήργησεν)는 1:19의 끝에 나오는 '역사하심'(에네르게이안, ἐνέργειαν)에서 선택하고, 완료시제로 지속적인 의미와 함께 완성된 행위로 해석한다.[53] 하나님이 그리스도를 살리신 것을 하나님의 능력으로 임함을 믿는 것이 중요하며, 이 말씀을 믿음으로 영혼들을 설득하는 것은 죽은 자를 일으키는 것보다 훨씬 더 큰 이적이다.[54] 믿음은 하나님의 능력을 필요로 하고, 하나님의 능력을 얻기 위해서는 하나님을 신뢰하고 기도해야 한다.

"하늘에서 자기의 오른편에 앉히사"(καὶ καθίσας ἐν δεξιᾷ αὐτοῦ ἐν τοῖς ἐπουρανίοις)에서 그리스도의 부활 후의 승귀를 말씀한다. 이 승귀의 표현은 그리스도가 하나님 우편에 앉으신다는 초기 기독교 전승에 따른 표현이며 시편 110:1을 인용하고 있다.[55] 오른편은 최고의 위치에서 통치한다는 의미이며, 공간적 의미의 문자적인 옆이 아니라 그리스도의 승귀와 관련하여 주권의 상징적 표현이다.[56] 그리스도가 하늘의 영역으로 중심이 이동했다는 의미는 구원에서 중심인물이 지

---

51) John Stott, 「BST 에베소서 강해」, 정옥배 역 (서울: Ivp, 2013), 70.
52) Stott, 「BST 에베소서 강해」, 72.
53) Lincoln, 「WBC 에베소서」, 234.
54) St. John Chrysostom, 「에베소서 강해」, 송영의 역(서울: 지평서원, 1998), 50.
55) Lincoln, 「WBC 에베소서」, 235.
56) Lincoln, 「WBC 에베소서」, 236.

상의 배경에서 지금은 하늘의 배경으로 옮겨졌다는 것이며(엡 6:9), 이는 바울의 관점이 담겨있는데, 그 관점은 "기독론이 교회론에 의해 삼켜진 것이 아니라, 오히려 그리스도에게 일어난 일이 하늘의 영역과 관련하여 교회에 결정적인 것이 되었다"라고 링컨은 해석한다.[57]

1:21 하나님이 그리스도를 높이심으로 승리의 범위는 우주적인데, 이 개념은 다니엘 10:13, 20에서 하늘에 있는 존재들에게 일어난 일이 땅 위에 열국들에게 영향을 미친다고 개념이 반영되어 있다.[58]

반면 '권세자들과 능력'은 골로새서의 특징이며, 에베소서는 골로새서와 매우 밀접한 관계가 있다.[59] 에베소서는 교회론적 관점에서, 골로새서는 기독론적 의미 해석을 한다. '이 세상뿐 아니라 오는 세상에 일컫는 모든 이름'의 해석에 있어서 구약성경에서 어떤 신의 이름을 부르는 것은 그 신에게 예배드리는 것이고(왕상 18:24), '모든 이름 위에 뛰어나게 하시고'는 우주적 세력에 대한 그리스도의 보편적 통치를 강조하는 의미로 해석한다.[60]

1:22 '만물을 그의 발 아래에 복종하게 하시고'는 그리스도의 지위의 탁월성을 강조하고, 이는 시편 8:6을 인용하고 있고, 시편 8:6은 창세기 1:26~28을 반향하며, 창세기 1:26~28에서 하나님은 인간에게 창조된 질서에 대한 지배를 위해 인간을 하나님 형상으로 창조하시고 만물을 다스리도록 하셨다.[61] "그를 만물 위에 교회의 머리로 삼으셨느니라"라는 의미는 우주를 다스리는 그리스도의 탁월성은 '교회'를 통해 유익을 준다.[62] 머리는 통치와 우선성과 관련되는 개념이다.[63]

---

57) Lincoln, 「WBC 에베소서」, 237.
58) Lincoln, 「WBC 에베소서」, 237.
59) Lincoln, 「WBC 에베소서」, 238.
60) Lincoln, 「WBC 에베소서」, 240.
61) Lincoln, 「WBC 에베소서」, 241~42.
62) Lincoln, 「WBC 에베소서」, 243~44.
63) Lincoln, 「WBC 에베소서」, 244.

1:23 이 해석은 1:22과 관계에서 해석은 어렵지만, 초대교회의 가장 중요한 고백 중의 하나는 비유적 방법으로 그리스도가 만물 위에 머리로 칭해진 것이고, 1:23의 의미는 "예수는 주님이시다"라는 해석이 가능하고 옳다면, 예수 그리스도는 인간에게 하나님을 전해주는 분이고, 이것은 중요한 신학적 확신이다.[64] 예수님은 성부 하나님께로 우리를 인도하는 성자 하나님이시다. 예수님이 주님이시고, 하나님의 충만하심을 구현한다면 그 때에 인간의 삶의 의미가 무엇인지 알 수 있도록 명확히 실재를 정의한다. 예수님이 교회를 위하여 만물 위에 머리가 되는 것에 대한 강조는 교회가 그리스도와 아주 밀접히 연관되어 있다는 것을 드러낸다. 교회는 예수님의 몸이 되며, 예수님의 통치와 삶에 참여하고, 우리는 하나님의 모든 충만하심에 참여하고 전달하시는 예수님과 밀접한 관련이 있다.[65] 이렇게 됨으로써 예수 그리스도와 연합된 성도로 살아가며 사명을 감당하게 된다. 이 말씀의 현대적 의미는 교회는 돌봄 공동체이고, 기도하는 공동체이고 생각하는 공동체이고 그리스도의 삶과 죽음 그리고 부활로 역사를 바꾸는 시간을 이해하는 공동체라는 것이다. 또한 교회는 하나님의 기업과 하나님의 능력을 확신하는 믿음의 공동체이고, 그리스도의 충만함으로 현재와 미래의 주인으로 능력의 공동체이다.[66] 1:23의 '충만'의 단어를 능동 또는 수동으로 어느 것을 선택함에 따라 해석이 달라지는데, 능동보다는 수동으로 해석하여 교회가 '채우는 것'이 아니고 '채워지는 것'이 되기에, "교회는 그리스도의 몸일 뿐만 아니라 그리스도에 의해 채워지는 것"으로 해석하는 것이 더 타당하다.[67]

---

64) Klyne Snodgrass, 「NIV적용주석 에베소서」, 박영호 역 (서울: 솔로몬, 2017), 108.
65) Snodgrass, 「NIV적용주석 에베소서」, 108~09.
66) Snodgrass, 「NIV적용주석 에베소서」, 109~15.
67) 박형용, 「에베소서 주해」 (서울: 합동신학대학출판부, 1998), 94.

(2) 누가복음 11:1~13과 에베소서 1:15~23의 책-간 본문성 연구

이 구조 중에서 누가복음의 주의 기도 11:1~4와 에베소서 1:15~23의 책-간 본문성 연구를 한다. 연구 방법론은 첫째, 에베소서 1:15~23의 본문 안의 문맥에서 의미를 해석한다. 둘째, 누가복음 11:1~4와 연계된 문맥에서 '하나님 나라'와 '하나님 백성'의 삶에 대하여 의미를 해석한다. 셋째, 단어와 문맥의 패턴에서 동일성을 통해 연계성을 찾는다. 넷째, 예수님의 기도와 바울의 기도의 신학적 관계성을 연구한다. 다섯째, 두 본문의 '아버지'의 의미와 '하나님 나라'를 사는 하나님 백성의 삶의 방향에 관한 해석 연구이다. 에베소서 전후 문맥을 통해 바울의 기도에서 '아버지'의 의미와 바울이 바라는 '하나님 나라'의 백성은 어떠해야 하는지에 관한 해석을 하고자 한다.

첫 번째 단계는 에베소서 1:15~23 본문의 해석이다. 1:15의 믿음은 하나님에 대한 믿음, 나사렛 예수님에 대한 믿음과 구원에 대한 믿음이다. 70인경에서는 '믿음'과 '믿다'와 '안에'를 사용하여 그 믿음의 대상을 지칭하여 사용한다(렘 12:6; 시 77:22).[68] 1:15에서 '모든 성도'는 예루살렘 교회나 혹은 유대 그리스도인들이기보다는 일반적인 성도이며, '모든 성도를 향한 사랑'은 이방인과 유대인의 벽을 넘는 사랑이다.[69]

에베소서 1:15~23의 내용을 다섯으로 구분할 수 있다. 첫째는 기도의 때는 믿음과 사랑의 때로 말씀한다(15절). 둘째, 에베소 성도를 향한 바울의 기도 성격은 기억에 근거하는 간구와 감사의 찬양으로 구성된다(15~16). 셋째, 기도의 대상은 '우리 주 예수 그리스도의 하나님, 영광의 하나님'이다. 넷째, 바울의 기도에서 하나님을 알게

---
68) Lincoln, 「WBC 에베소서」, 225.
69) Lincoln, 「WBC 에베소서」, 225.

하는 간구와 요구하는 기도 내용이 있다(17~19절). 다섯째, 바울의 기도를 부연 설명하면서, 그리스도와 교회에 가지는 하나님의 계시성에 관한 말씀이다(20~23절).

본 연구는 누가복음 11:1~13의 예수님의 기도 가르침과 연계하여 에베소서 1:17~19, 23을 중점적으로 해석하고자 한다.

17절, '우리 주 예수 그리스도의 하나님, 영광의 아버지'는 주기도문의 '아버지'라는 호칭과 동일하게 하나님을 부르고 있다. '예수 그리스도의 하나님. 영광의 하나님'의 원어에, 하나님과 예수 그리스도를 구분시키면서 동시에 연관된 하나님으로 표현한다. '영광의 하나님'은 신적인 존재와 능력의 탁월함을 나타낸다.[70] 70인경에 나타나는 하나님의 나타남은 하나님의 영광과 관련되며(출 16:10; 24:16~17; 33:17~33; 40:34~38; 사 6:3 등), 하나님 영광과 관련된 영광은 하나님의 능력 실현에서 나타나고, 하나님의 영광은 그리스도의 부활과 즉위와 연결되어 있다.[71] 바울은 그 하나님을 더 구체적으로 묘사한다. '주 예수 그리스도'는 성자 하나님으로, '영광의 하나님'은 성부 하나님으로, '지혜와 계시의 영'은 성령 하나님으로, 하나님을 알게 하도록 기도하고 있다. '영광'은 신적 존재로서 능력의 탁월함인데, 이 영광은 이어지는 18절, '마음의 눈을 밝히사'의 '밝게'하는 개념과 연결되어 있다.[72]

'지혜와 계시의 영'의 지혜는 하나님의 일을 아는 데 필요한 믿음과 지식이며, 이를 공급하는 원천은 성령이며, 성령은 말씀을 묵상하고 기도하는 사람들 안에서 실제적이고 효과적으로 역사하는 지혜이

---

70) Lincoln, *Word Biblical Commentary Ephesians*, 56.
71) Stephen E. Fowl, *Ephesians A Commentary*, ed. C. Clifton Black, M. Eugene Boring and John T. Carroll (Lousville, KY: Westminster John Knox Press, 2012), 57.
72) Lincoln, 「WBC 에베소서」, 227.

다.[73]

'부르심의 소망이 무엇이며'의 질문은 '부르심'과 '소망'으로 구성된 이중적인 질문이다. '부르심'은 내적 부르심과 외적 부르심이 있다. 외적 부르심은 복음을 듣는 모든 사람들의 부르심으로(잠 8:4, 마 22:14), 외적 부르심은 인간의 책임이 있고(잠 1:24), 내적 부르심은 깨닫게 하는 부르심, 즉 거부할 수 없는 부르심으로 '효과적인 부르심'(effectual calling)으로 표현되기도 하며, 미리 정하여 부르시고 의롭다 하시는 사망에서 생명으로의 부르심(롬 8:30), 어둠에서 하나님의 빛 가운데로의 부르심(벧전 2:9)이다.[74] '소망'은 기대되는 일로 미래적이고 실현될 기대를 포함한다. '소망'이라는 용어는 기대되는 일(롬 8:25)과 소망의 은총, 즉 기대되는 방편(고전 13:13), 그리고 바라는 바의 확증(롬 5:3~5)으로, 기대의 근거가 3가지로 사용된다. 18절의 소망은, 이 의미 중에 부르심에 대한 근거를 알고 확실하기 위하여, 또 분명히 인식하기 위하여 사용한다.[75] 하나님에 대하여 바르게 알아야 한다. 특히 부르심의 소망, 기업의 영광, 베푸신 능력의 크심을 알아야 한다.

여기서 특히 '기업의 영광'의 의미 해석은 중요하다. 이를 위하여 1:14와 1:16에서의 기업의 의미와 비교할 필요가 있다. 왜냐하면 1:14에서 '기업'은 미래 구원이 이루어지고 완성되는 의미를 전달하는 반면,[76] 1:18의 '성도 안에서 그 기업'은 '하나님의 기업'으로 하나님이 그의 백성을 소유하는 것에 초점을 맞추었다고 설명한 링컨(Andrew T. Lincoln)의 주장을 주목해야 하기 때문이다.[77] 이 견해

---

73) Matthew Poole, 「청교도 성경주석 에베소서~데살로니가후서」, 박문재 역(파주: 크리스찬다이제스트, 2015), 22.
74) Arthur W. Pink, 「바울의 기도연구」, 서문강 역(서울: 생명의말씀사, 1983), 179.
75) Pink, 「바울의 기도연구」, 178.
76) Lincoln, 「WBC 에베소서」, 202.
77) Lincoln, 「WBC 에베소서」, 232.

로부터 '기업'은 하나님의 새로운 백성으로, 1:23에서 설명하는 교회를 의미한다. 에베소서에서 교회와 교회의 영광에 맞추어 설명한 것으로 "교회 안에서와 그리스도 예수 안에서 영광이 대대로 영원무궁하기를 원하노라 아멘"(엡 3:21)와 "자기 앞에 영광스러운 교회를 세우사"(엡 5:27 상)의 말씀으로 알 수 있기에 기업을 교회로 해석하는 것은 정당하다.[78]

1:19, '베푸신 능력'은 무슨 의미인가? 하나님께서 믿는 하나님의 백성을 위하여 사용하는 능력으로 새 시대에 생명을 주는 능력, 즉 예수 그리스도를 죽은 자들 가운데서 살리시는 능력이다.[79]

1:20~22는 1:17~19를 부연하여 설명하는 내용들이다. 1:20의 하나님의 능력은 그리스도를 높이시고, 그를 우편에 앉으시고, 모든 것을 그에게 있게 하시고, 교회의 머리가 되게 하신 행동에 있다.[80] 죽은 자로부터 그리스도를 높이신 하나님을 믿는 것은 그리스도인에게 기본인 믿음이고, 하나님은 그리스도를 하늘 보좌 우편에 앉으셨다.[81]

1:23은 교회에 대하여 정의한다. 교회는 그리스도의 몸이다. 바울은 몸의 개념을 사용하고 있고, 에베소서에서 교회는 범주상으로 우주적이고, 바울의 다른 서신에서 교회는 개인의 집합으로 가리킨다.[82]

두 번째 단계는 누가복음 11:1~4와 연계된 문맥에서 '하나님 나라'와 '하나님 백성'의 삶에 대하여 의미를 해석한다. '하나님 나

---

78) Lincoln, 「WBC 에베소서」, 233.
79) Lincoln, 「WBC 에베소서」, 234.
80) Ernest Best, *A Critical and Exegetical Commentary on Ephesians*, ed. J. A. Emerton, C. E. B. Cranfield and G. N. Stanton (London, NY: T & T Clark, 2004), 170.
81) Best, *A Critical and Exegetical Commentary on Ephesians*, 171.
82) Klyne Snodgrass, 「NIV적용주석 에베소서」, 채천석 역 (서울: 솔로몬, 2017), 99.

라'에 대해서는 본 전체 논문 8장에서 연구한다. '하나님 백성'의 삶은 '하나님 나라'의 사명을 살아가는 백성으로, 필요한 모든 것을 공급하며, 죄 용서를 받은 자로 이웃의 죄를 용서하며, '하나님 나라'를 대적하는 세력의 시험에 들지 않도록 하면서 살아가는 삶으로 해석한다.

세 번째 단계는 두 본문의 단어와 문맥의 패턴에서 동일성을 찾는다. 동일한 단어는 누가복음 11:1~2, 에베소서 1:16에 나타나는 '기도 (προσευχη, 프로슈케)', 누가복음 11~2와 에베소서 1:17의 '아버지 (πατήρ, 파테르)', 누가복음 11:13과 에베소서 1:17의 '영(πνεῦμα, 프뉴마)'에서 표현된다.

문맥 흐름에서도 유사한 패턴이 있다. 누가복음 11:1과 에베소서 1:15~16은 동일하게 기도를 하는 동기와 기도의 준비 내용을 담고 있다. 누가복음 11:2는 하나님의 호칭과 '나라'의 임하심을 기도한다. 에베소서 1:17에서는 하나님을 '우리 주 예수 그리스도의 하나님, 영광의 아버지'로 부르고 있으며, '지혜와 계시의 영을 주어서 하나님'을 알게 하신다는 내용의 흐름에서 패턴이 유사하다. 하나님을 아버지로 부르고, 아버지의 존재를 알리면서 기도하는 내용이다.

누가복음 11:3~4는 하나님 백성으로 갖추어야 할 내용들, 즉 필요한 양식과 죄인의 죄 사함과 용서, 악의 유혹을 물리침의 내용이 있고, 에베소서 1:18~19에서 부르심의 소망, 기업의 영광, 베푸신 능력을 설명한다. 누가복음 11:3~4는 하나님의 나라가 이 땅에 임하는데, 그 나라의 백성이 살아가는데 필요한 환경을 간구한다.

하나님은 기도자의 기도에 반응하여 일하신다. 바울은 에베소서에서 기도자의 변화를 넘어서 세상의 변화를 간구한다. 진정으로 성경은 하나님은 기도자에 반응하여 뜻을 변경하여 일하신다(암 7:1~6).[83] 하나님은 이스라엘의 지존자로서 변함이 없지만(삼상 15:29), 하나님은 인간의 행동에 따라 반응한다(렘 18:8; 26:3, 13, 19; 욘 2:13~14, 요 3:10; 4:2). 즉 에베소서 1:18~19는 하나님의 백성이 이 땅에 하나님의 나라를 이루고 살기 위해 하나님을 알아야 함을 간구하고 그 하나님이 무엇인지 알도록 기도하고 있다.

누가복음 11:5~8은 기도의 비유이고, 11:9~12는 기도의 핵심 강조라면, 에베소서 1:20~22는 기도 1:17~19에 대한 부연 설명이다. 누가복음 11:13이 결론이라면, 에베소서 1장의 결론은 1:23로 설명될 수 있다. 이와 같이 두 본문은 유사한 기도 패턴과 내용으로 해석할 수 있다. 차이점은 누가복음의 결론 부분은 성령이고, 에베소서의 결론 부분은 성령이 임재하는 교회이다.

네 번째 단계는 두 본문의 신학적 관계성에 관한 연구이다. 신학적으로 예수님께서 가르친 주기도문의 내용을 바울 사도는 더 심화하였다. 그 근거로 바울이 전하는 예수님의 하나님 나라는 예수님 당시나 그 후에 간구하는 기도에 담겨 있다. 예수님 당시에 성령을 받은 하나님의 백성은 하나님 나라를 전하고 선교를 한다. 하나님 백성은 교회를 구성하고, 교회가 되었다. 바울사도는 그리스도를 만물 위에 교회의 머리로 삼으셨다고 편지했다(엡 1:22). 그리스도는 만물의 잃어버린 것을 완성하는 통일성을 회복시켜서 하늘과 땅의 모든 것을 완성하고,[84] 그리스도를 만물과 교회의 머리로 삼으셨다. 교회를 그리스도의 몸이라고 표현한 사상은 하나님의 백성이 '그리스도 안에서' 그 통일성과 그 존재 양태를 갖는데 근거한다.[85]

---

83) Chester, *The Message of Prayer*, 248.
84) Herman Ridderbos, 「바울신학」, 박영희 역 (서울: 지혜문화사, 1985), 453.
85) Ridderbos, 「바울신학」, 459.

또한, 그리스도의 몸인 교회의 이미지는 사도 바울의 가장 창의적이고 심오한 신학에 대한 공헌 중 하나이고, 그 기원에 대해 스토아학파, 영지파, 성체성사 등 다양한 설명이 제시되어 왔지만, 그것은 예수의 영광스러운 몸이 죽은 자의 일반적인 부활을 예고했다는 바울의 근본적인 믿음에서 비롯되었을 가능성이 가장 크다.[86] '지극히 높으신 이의 성도들'(단 7:22)이 하늘의 대표자, 즉 '아들과 같은 자'로 통합된 것으로 이해되었던 것처럼, 그리스도인들은 부활하신 그리스도와의 단체적인 연합을 통해 그 기대에 참여할 수 있다(단 7:13).[87] 즉 사도 바울의 편지 내용에서 그리스도의 몸인 교회에 관해 말씀한다. 예수님은 예수님이 머리인 교회를 세우시고, 교회를 통해 하나님 나라를 이루신다. 누가복음 주의 기도에서, 예수님은 기도자에게 성령을 주신다. 에베소서에서 바울 사도는 기도자에게 주시는 계시, 지혜의 영, 성령은 주고, 교회를 통하여 하나님 나라를 이루어 나가신다고 말씀한다. 이에 두 본문은 예수님, 기도, 성령, 교회가 연결되어 있다고 해석한다.

다섯 번째 단계는 두 본문의 '아버지'의 의미와 '하나님 나라'를 사는 하나님 백성의 삶의 방향에 관한 해석 연구이다. 누가복음의 하나님 '아버지'는 에베소서에서 '우리 주 예수 그리스도의 하나님, 영광의 하나님'이다. 누가복음의 하나님 '나라'의 백성은 에베소서 1:18~19에서 '부르심의 소망, 기업의 영광, 베푸신 능력'이다. 하나님을 아버지라고 부르는 주의 기도는 하나님과 깊은 교제를 나타내기도 한다. 하나님 아버지를 진정으로 사랑하는 사람은 하나님께 드리는 열정과 사랑을 하나님의 백성들에게, 그의 가족들에게 그 기업을 베풀 것인데, 에베소서 1:23에서 하나님께서는 만물 안에서 만물

---

86) John Muddiman, *The Epistle to the Ephesians*, ed. Morna D. Hooker (London · New York, NY: Continuum, 2001), 93.
87) Muddiman, *The Epistle to the Ephesians*, 93.

을 충만하게 하는 이로 부를 만큼 하나님의 백성을 그리스도 안에서 형제로 존귀하게 여기심을 알 수 있다.[88]

2) 바울의 기도 적용

(1) 하나님을 아는 기도

① **하나님을 알자.**
기도의 대상인 하나님을 바르게 알고 하나님께 기도를 드린다.
하나님의 뜻에 합당한 기도에 하나님은 기쁘게 받으신다.
기도를 들으시는 하나님이 응답하신다.
예수 그리스도, 하나님께서 기도의 본을 보이셨다.
주님이 기도를 가르쳐 주셨고, 제자들은 기도를 적용하여 기도했다.

② **삼위일체를 알자.**
우리 주 예수 그리스도의 하나님, 영광의 아버지, 지혜와 계시의 영 성령을 알자. 한 분이시며 삼위인 하나님을 알자.

③ **성경을 알자.**
성경은 하나님의 창조부터 다시 오실 그 날까지 하나님의 뜻을 계시하고 있다.
성경은 하나님이 어떤 분이시고 역사 속에서 어떤 일을 하셨는지를 말씀한다.
성경은 하나님 나라, 언약, 하나님의 역사, 기도자의 기도를 담고 있다.

---

88) John Calvin, 「칼빈의 기도론」, 원광연 역 (파주: 크리스찬다이제스트, 2015), 82~83.

④ 하나님의 역사하심을 알자.
하나님은 역사하심은 하나님의 주권 안에 있다.
하나님은 하나님 사람의 기도로 역사하신다.

⑤ 은혜의 수단을 알자.
은혜는 하나님만이 주시는 것이다.
은혜의 수단은 말씀과 기도, 성례이다.

바울 기도의 기도를 기반으로 하는 기도문의 예이다.

우리 주 예수 그리스도의 하나님, 영광의 아버지여
(   )에게 지혜와 계시의 영을 주옵소서.

(   )가 하나님을 만나게 하옵소서.
하나님이 주심 말씀으로 하나님을 알게 하옵소서.

(   )의 마음의 눈을 밝혀주옵소서.
(   )의 부르심의 소망이 무엇이며 성도 안에서 그 기업의
영광의 풍성함이 무엇인지 알고 깨닫게 하옵소서.

하나님의 위력으로 역사하심을 따라 믿는 우리에게 베푸신 능력의
지극히 크심이 어떠한 것을 (   )가 알게 하시기를 간구합니다.

예수 그리스도의 이름으로 기도를 드립니다. 아멘.

(2) 연간 특별기도

① 푯대를 향하자(빌 3:13~14)
뒤에 있는 것을 잊어버리자.
목표를 행해 집중하라.
이 세상은 미완성임을 알자. "이미와 아직"의 시대에 살고 있다.

② 고난의 시간에 묵상하며 기도하자(행 1:3)
예수님은 십자가 고난 후, 부활하시고 40일 보이시며 하나님 나라를 말씀했다.
모세는 40일 시내 산에 머물면서 율법을 받았다.
예수님은 40일 금식하신 후 사단의 시험을 이기시고 하나님의 사역을 시작했다.

③ 예수 그리스도 안에 새 삶을 살자(고전 15:22)
죽음은 현실이고, 시간과 공간의 제한인 인간의 존재이다.
예수님은 죽어주시고 부활하셨다.
예수님은 죄 사함의 길을 여셨고, 죽음을 이기셨다.

④ 성령세례를 구하자(행 1:4)
말씀대로 순종했다.
기도에 전념했다.

⑤ 어린이같이 하나님께 나아가자(마 18:2~4)
어린이처럼 자기를 낮추자.
천국에 들어가도록 기도하자.
어린이를 실족하지 않도록 기도하자.

⑥ 아버지의 사랑에 순종하라(엡 6:1~3)
아버지의 사랑을 느껴라.
부모에게 순종하라.
부모를 공경하라.

⑦ 모든 것이 하나님 은혜이다(출 23:16)
곡물을 수확하게 하신 하나님께 감사하자.
내 인생의 모든 것은 오직 여호와께부터이다.
우리 삶의 진정한 열매는 성령의 충만으로 성령의 열매이다.

⑧ 추수를 감사하자(마 9:37)
하나님께서 창조하시고 기르시는 우주 만물의 보상을 감사하자.
수고와 땀 흘림을 기억하고 모든 열매에 감긴 정성과 수고를 알자.
영적 추수하는 주님의 일꾼이 되자.

⑨ 의인은 믿음으로 산다(롬 1:17)
오직 하나님의 말씀, 하나님의 의를 알자.
오직 믿음으로 살아야 한다.
오직 은혜 안에 거하도록 하자.

⑩ 교회 설립을 기억하라(행 9:31, 마 16:16)
교회가 평안하여 든든히 서 가도록 기도하라.
주의 경외함과 성령의 위로로 진행하여 수가 많아진다.
신앙고백 위에 세워진 교회를 기억하라.
하나님 나라를 전하는 공동체가 되도록 기도하라.
성령, 예배, 선교, 교육, 섬김의 공동체가 되도록 기도하라.

⑪ **성탄을 기념하라**(마 1:21)
예수는 자기 백성을 죄에서 구원하실 자이심을 알라.
예수가 어느 분이심을 알고 기도하라.
다시 오실 예수를 기대하고 준비하며 기도라.

⑫ **새롭게 하시는 예수님을 믿자**(빌 3:12)
목표를 명확히 하라.
푯대를 향해 나아가라.
문제들 해결을 감사하며, 시험을 이길 능력 주심을 감사하며 기도하라.
나의 믿음을 점검하고 삶의 동기와 신앙의 열정이 회복되도록 기도하자.

특별히 정해진 시간과 장소에서 꾸준히 믿음으로 기도한다.
일상에서 지속적으로 기도한다.

5. 기도의 적용

1) 예배 중 기도들

(1) 예배시 대표 기도

예배시 대표 기도는 예배자를 대표해서 기도하는 것이다. 대표 기도는 예배자들이 예배에 집중하도록 하나님 앞에 드린다. 기도는 공동체와 자신의 정체성을 나타낸다. 예배의 목적에 맞게 질서 있고 통일성 있으며 준비된 한 마음으로 하나님께 드리도록 한다.

하나님께 찬양과 감사를 드린다.
문지기는 그를 위하여 문을 열고 양은 그의 음성을 듣나니 그가 자기 양의 이름을 각각 불러 인도하여 내느니라 자기 양을 다 내놓은 후에 앞서가면 양들이 그의 음성을 아는 고로 따라 오되(요 10:3~4).

죄를 고백한다.
여호와의 손이 짧아 구원하지 못하심도 아니요 귀가 둔하여 듣지 못하심도 아니라 오직 너희 죄악이 너희와 너희 하나님 사이를 갈라 놓았고 너희 죄가 그의 얼굴을 가리어서 너희에게서 듣지 않으시게 함이니라(사 59:1~2).

예배자들의 소망을 담아 기도한다.
기도를 들으시는 하나님에 대한 신뢰와 확신을 가지고 기도를 드린다.

(2) 헌금 기도

헌금 기도는 헌금을 드리는 상황에 맞추어 기도한다.
물질을 주신 하나님을 찬양하고 하나님께 감사한다.
물질을 드리는 성도의 소망을 담는다.
물질이 하나님 나라를 위하여 귀하게 사용되도록 기도한다.

(3) 주제 기도

그 주제에 맞추어서 기도하도록 한다.
하나님께 감사와 찬양을 드린다.
주제와 관련하여 죄를 고백한다.
주제에 관련한 하나님의 은혜를 간구한다.
주제를 해결해 주실 것을 신뢰하며 기도한다.

- 나라와 민족 복음화를 위하여
- 전도를 위하여
- **선교를 위하여
- 관계 회복을 위한 기도
- 가정을 위한 기도
- 자녀를 위한 기도
- 참된 교육을 위하여
- 기업인과 근로자를 위하여
- 세계 각처의 복음화를 위하여
- 사회 전반의 도덕성 회복을 위하여
- 군인들을 위하여, 경찰을 위하여, 재소자를 위하여
- 청소년을 위하여, 미래세대를 위하여

- 지도자를 위하여
- 노약자를 위하여, 장애인을 위하여

(4) 교회 예식을 위한 기도

- **절기 예배** : 고난 주일 / 부활절 / 성령강림절 / 맥추감사절 / 추수감사절 / 성탄절
- **기념 예배** : 어린이 주일 / 어버이 주일
- **세례식** : 학습식 / 유아 세례식 / 입교식 / 세례식
- **성찬식**
- **임직식** : 목사 임직식 / 목사 위임식 / 준목(강도사) 인허식 / 장로 집사 임직(취임)식 / 권사 취임식 / 추대식(원로목사, 원로장로, 공로목사) / 은퇴식(목사, 장로, 집사, 권사) / 선교사 파송식
- **봉헌식** : 예배당 기공식 / 예배당 정초식 / 예배당 입당식 / 예배당 헌당식
- **혼례식** : 약혼식 / 결혼식
- **상례식** : 입관식 / 장례식 / 천국환송식 / 하관식
- **헌신예배** : 교사 헌신 / 재직 헌신 / 찬양 예배 / 선교회 헌신 / 주일학교

(5) 성경에서 말씀하는 기도 응답

구약성경은,
- 모세의 기도로 여호와께서 바다를 갈라지게 하여 이스라엘을 위하여 싸운다(출 13:13~16).
- 여호수아의 기도로 여호와께서 태양을 정지시켜 아모리 사람을 이스라엘 자손에게 넘겨준다(수 10:12~13).
- 기드온은 하나님께 기도하여 기도의 응답을 두 번의 양털과 이슬로 체험한다(삿 6:36~40).
- 한나가 괴로워서 여호와께 기도하니 여호와께서 한나를 생각하사 한나가 임신하여 사무엘를 낳는다(삼상 1:10~20).
- 엘리아가 기도로 갈멜산성에서 바알 선지자들과 아세라 선지자들을 이기고 기도로 여호와의 응답으로 비를 오게 한다(왕상 18:20~46).
- 다니엘이 하나님께 기도하여 사자굴에서 살아난다(단 6:10~23).

신약성경에서는,
"예수께서 대답하여 이르시되 내가 진실로 너희에게 이르노니 만일 너희가 믿음이 있고 의심하지 아니하면 이 무화과나무에게 된 이런 일만 할 뿐 아니라 이 산더러 들려 바다에 던져지라 하여도 될 것이요 너희가 기도할 때에 무엇이든지 믿고 구하는 것은 다 받으리라 하시니라"(마 21:21~22).

"예수께서 이르시되 할 수 있거든이 무슨 말이냐 믿는 자에게는 능치 하지 못할 일이 없느니라 하시니"(막 9:23).
"내가 진실로 너희에게 이르노니 누구든지 이 산 더러 들리어 바다에 던져지라 하며 그 말하는 것이 이루어질줄 믿고 마음에 의심치 아니하면 그대로 되리라 그러므로 내가 너희에게 말하노니 무엇이든지 기도하고 구하는 것은 받은 줄로 믿으라 그리하면 너희에게 그대로 되리라"(막 11:23~24).

"이는 우리가 믿음으로 행하고 보는 것으로 하지 아니함이로라"(고후 5:7).

"믿음이 없이는 기쁘시게 못하나니 하나님께 나아가는 자는 반드시 그가 계신 것과 또한 그가 자기를 찾는 자들에게 상 주시는 이심을 믿어야 할지니라"(히 11:6).

과부와 재판관 비유로 끈질긴 기도의 응답을 말씀한다(눅 18:1~8).
바리새인과 세리의 기도 비유로 세리의 기도의 죄사함을 말씀한다 (눅 18:9~14).
베드로의 기도로 욥바의 다비다가 살아난다(행 9:36~42).
베드로가 기도하여 옥에 갇힌 자신을 천사가 구출한다(행 12:5~11).

2) 일상에서 하는 기도

(1) 감사기도

감사기도는 구약에서 주로 이스라엘에게 베푸신 민족적인 구원의 행위에 대한 감사이다. 신약에서 예수 그리스도께서 하신 구원의 사역과 이를 통하여 구원받은 자가 누릴 수 있는 특권에 대한 감사이다. 죄인을 죄에서 구원하고 하나님의 자녀로 삼으시고 자녀로서의 특권을 주신 하나님의 은혜이다. 이에 대한 감사 기도이다.

감사기도의 내용은,
① 일반적인 은혜에 대한 감사기도(시 136:5~9)
② 구원의 은혜에 대한 감사기도(요 3:16)
③ 생활 속에서의 도움에 대한 감사기도(시 18:1~2)

감사기도 형태는,
하나님께서 우리를 위해 해 주신 것 때문에 우리가 감사드리는 기도이다.

감사 기도의 예를 보자.
시편 136편은 감사의 시들 가운데 하나이다. 시편 기자는 무엇 때문에 감사하고 있는지 구체적으로 찾아서 적어보자.

① 선하시고 인자하신 하나님께 감사하라(1~3).
② 창조하신 하나님께 감사하라(4~9).
③ 구속하신 하나님께 감사하라(10~15).
   애굽의 장자를 치셨다(10).
   인도하신 하나님(11~12)
   홍해를 가르시고 통과하게 하신 하나님(13~14)
   바로의 그의 군대를 엎드러뜨리신 하나님(15)

④ 광야를 통과하게 하여 인도하신 하나님께 감사하라(16).
⑤ 땅을 정복하시고 주신 하나님께 감사하라(17~22).
⑥ 공급하시는 하나님께 감사하라(23~26).

하나님께 감사 기도를 드리는 감사 기도문의 예로.

하늘에 계신 우리 아버지.
하나님의 선하심과 인자하심이 영원하심을 찬양합니다.
하나님께서 저에게 주신 은혜를 감사하여 기도 드립니다.

(각자의 감사들을 감사 기도한다.)
주님, 감사하는 삶을 살도록 도와주옵소서.
구원하여 주심을 감사합니다. 삶의 터전을 주심을 감사합니다.
가정을 꾸리도록 해 주심을 감사합니다.
사랑하는 아내(남편)를 주심을 감사합니다.
자녀들이 건강하게 자라나게 하심을 감사합니다.
고난을 주시고 고난을 이기게 하심을 감사합니다.
배우도록 해 주심에 감사합니다.
하늘 소망을 주심을 감사합니다.
예배드리게 하심 감사합니다. 찬양하며 기도하게 하심을 감사합니다.
저를 돌아보며, 하나님께 경배하게 하심을 감사합니다.

예수 그리스도의 이름으로 기도 드립니다. 아멘.
감사기도 카드를 작성하여 기도한다.

감사기도 카드(예)

구 분		
	나의 감사 기도 (이름 :) 일자 : 년 월 일 요일	
경배	하늘에 계신 우리 아버지.	
	하나님의 선하심과 인자하심이 영원하십니다.	
	하나님께서 저에게 주신 은혜를 감사하여 기도를 드립니다.	
감사들을 감사하라	1. 교회	
	2. 가정	
	3. 이웃, 형제	
	4. 공동체	
	5. 자신	
기도제목 간구	1. 교회	
	2. 가정	
	3. 이웃, 형제	
	4. 공동체	
	5. 자신	
송영	나라와 권세와 영광이 아버지께 영원히 있습니다.	
	예수 그리스도의 이름으로 기도 드립니다. 아멘	

기도의 영을 받는 하나님의 방법(R. A. 토래이)은 하기와 같다.

① 순종하여 하늘 문을 연다. 무엇이든지 믿고 구하는 것은 다 받으리라(마21:22).
- 하나님의 뜻을 알고 기도한다.
- 진실하게 기도한다.

② 예수의 공로에 의지한다.
- 예수의 이름으로 기도한다.
- 하나님의 약속의 말씀을 믿고 기도한다.
- 성령의 인도하심으로 기도한다.

③ 성령님이 주시는 믿음으로 강력하게 기도한다.
- 성령 안에서, 성령이 기도 문을 열어주도록 한다.
- 하나님의 뜻을 이루는 성령님을 믿고 인도하심에 따라 기도한다.

④ 감사함으로 기도하고 낙심하지 않는다.
- 열심히 감사하며 기도한다.

⑤ 그리스도 안에 믿음으로 거한다.
- 그리스도 안에서. 그리스도 말씀 안에서 기도한다.
- 성령과 말씀, 말씀과 성령이 함께하는 기도를 한다.

⑥ 기도를 방해하는 요소를 과감히 제거한다.
- 죄가 기도를 방해한다.
- 이기심이 기도를 방해한다.
- 마음 속 우상이 기도를 방해한다.

- 인색함 마음이 기도를 방해한다.
- 용서하지 않는 마음이 기도를 방해한다.
- 잘못된 부부관계가 기도를 방해한다.
- 불신앙이 기도를 방해한다.

⑦ 무시로 기도한다.
- 바쁘니 기도한다. 새벽 기도한다. 밤 기도한다.

(2) 중보 기도

중보의 기도는 가족과 공동체, 나라 등 하나님 사랑에 따른 이웃 사랑을 구체적으로 실천하는 출발점이다. 중보기도는 중보기도자를 통해서 하나님의 능력이 이웃으로 흐르게 하는 기도이다. 하나님은 중보기도자를 통하여 하나님의 뜻이 이루어지게 되고, 중도기도를 드리는 자는 하나님의 권능을 체험하며 살 수 있다.

중보기도의 대상에 관해서 이다.

① 가족과 이웃의 결핍과 기도 요청에 알자.
인간 세상은 사탄과 세상과 악과 정욕의 공격을 받고 있다. 그래서 고난과 근심과 고통을 당하고 있다. 가족들과 이웃들을 돌아보면, 그들이 갖고 있는 아픔과 상처와 고난과 문제들을 알 수 있다. 중보기도는 기도자의 사랑의 마음에서 출발하여 먼저 기도하는 것이다.

② 가까운 이웃의 결핍과 기도 요청을 적어 보자.
가족과 이웃에 대하여 기도자가 느끼는 대로 구체적으로 적어보자.

예시를 살펴본다.

이름	내 용	진행 상황, 응답
사랑이	결핍 문제, 아픔, 고통 등	

③ 중보기도를 드리자. 중보 기도문의 예를 들면,

하늘에 계신 우리 아버지
(위에 적은 당신 이웃의 필요들을 적는다.)

하나님 아버지, 이 모든 고난과 필요들을 주께 올려드립니다.
주님께서 불쌍히 여겨 주옵소서. 하나님께서 은혜를 베풀어 주옵소서.

예수 그리스도의 이름으로 기도 드립니다. 아멘.

날마다 가족과 이웃을 위한 중보기도를 드리도록 한다.
기도 목록을 만들어 기도하고, 동력자와 기도를 함께 나눈다.
- 긴급한 기도가 필요로 하는 사람들과 기도 제목
- 계속된 기도 해야 하는 사람들과 기도 제목

가정을 위하여 매일 일상으로 기도한다.
남편을 위한 기도, 아내를 위한 기도, 부모님을 위한 기도, 자녀들을 위한 기도를 해야 한다. 하나님 안에서 기도 제목을 올려드린다. 일상의 은혜와 평강을 위해 항상 기도해야 한다.

교회를 위하여 기도해야 한다.
교회를 섬기는 분들 위해서, 성도들을 위해 기도해야 한다.

교회를 위한 간구 기도문 예로,
하나님 아버지.
교회를 섬기는 목사님을 위하여 기도드립니다.
(중보 간구 기도 내용 추가하여 기도)

예수 그리스도의 이름으로 기도드립니다. 아멘.

간구 기도는 간결하게 구해야 한다(대하 7:14).
끈질기게 구해야 한다(왕상 18:41~46).
굳은 믿음을 갖고 기도해야 한다(막 9:23).

예수님께서는 "너희가 내 이름으로 무엇을 구하든지 내가 시행하리니"(요 14:13)라고 했다. 따라서 기도를 할 때는 굳은 믿음을 가지고 한다.

3) 기도의 방법에 따른 기도들

(1) 통성 기도

통성기도는 부르짖는 기도로 아는 지식에서 영성의 문으로 들어 갈 수 있는 기도이다.

너는 내게 부르짖으라 내가 네게 응답하겠고 네가 알지 못하는 크고 은밀한 일을 네게 보이리라(렘 3:33).

이와 같이 성령도 우리의 연약함을 도우시나니 우리는 마땅히 기도할 바를 알지 못하나 오직 성령이 말할 수 없는 탄식으로 우리를 위하여 친히 간구하시느니라(롬 8:26~27).

누가 정죄하리요 죽으실 뿐 아니라 다시 살아나신 이는 그리스도 예수시니 그는 하나님 우편에 계신 자요 우리를 위하여 간구하시는 자시니라(롬 8:34).

통성 기도는 자신감이 생기고 토설로 인하여 상처와 아픔이 치유된다.
마음이 비워지고 편안하며 자신감이 생긴다.
성령 충만하며 믿음이 더해진다.

통성 기도의 방법이다.
① 하나님을 부른다.
② 형편을 아뢴다.
③ 간단한 언어로 강력히 부르짖고 기도한다.

물, 휴지 등을 준비하고, 탈진하지 않도록 한다.

(2) 묵상 기도

묵상 기도는 조용히 하나님의 말씀을 묵상하며 기도로 하나님 안에서 자신을 살피고 인도를 받는 기도이다.

주의 말씀을 조용히 읊조리려고 내가 새벽녘에 눈을 떴나이다 주의 인자하심을 따라 내 소리를 들으소서 여호와여 주의 규례들을 따라 나를 살리소서(시 119:148~149).

묵상 기도의 방법은
① 말씀을 읽고 기도한다.
② 삶을 돌아보며 말씀을 읽고 기도한다.
③ 말씀 속에서 기도 속에서 하나님의 음성을 듣는다.

(3) 말씀 선포 기도

성경은 하나님의 말씀이다. 이 말씀이 이 시대, 나에게와 나의 공동체에도 이루어지도록 말씀 선포 기도한다.
하나님이 이르시되 "빛이 있으라"하시니 빛이 있었다(창 1:3). 성령의 인도하심으로 말씀으로 선포하는 기도이다.
하나님께서 천지창조를 창조하였으며 말로 명령하셨다(사 45:11~12).

사도바울은 성경에 대하여, "또 어려서부터 성경을 알았나니 성경은 능히 너로 하여금 그리스도 예수 안에 있는 믿음으로 말미암아 구원에 이르는 지혜가 있게 하느니라 모든 성경은 하나님의 감동으로 된 것으로 교훈과 책망과 바르게 함과 의로 교육하기에 유익하니(딤후 3:15~3:16)"라고 설명했다.

말씀 선포 기도의 방법은

① 말씀을 붙잡고 기도한다.
② 약속을 믿고 기도한다.
③ 예수님의 기도로 기도한다.
④ 예수님의 이름으로 기도한다.
⑤ 성령의 인도하심으로 기도한다.
⑥ 바라는 것을 구체적으로 기도한다.
⑦ 이미 이루어진 것으로 믿고 기도한다.

일상에서 사용하는 말이 그 정체성을 나타낸다. 말은 힘이 있다. 하나님은 하는 기도의 말을 듣고 계신다.

선포 기도문의 예이다.

하나님 아버지, 찬양합니다.
성령 하나님, 임하시옵소서.
내가 예수 그리스도의 이름으로 성경(   )의 말씀에 따라 선포하며 기도합니다.

나(기도자), 우리 집에 빛이 있어라.
(   ) 질병에서 나음을 얻었다.
깊은 상처는 치료되고 치유되었다.
하나님의 사역에 필요한 재정이 채워졌다.
악의 묶임에서 풀렸다.
(   )와의 관계가 회복되었다.
일용한 양식이 준비되었다.

대적은 물러가라. 물러가라, 물러가라.
두려움, 우울증은 물러가라.
(   )를 괴롭히는 (   )것은 사라지라.
(   )의 (   )이 나음을 얻음을 선포하노라.
나쁜 감정, 말은 사라질지어다.
옛사람은 죽고 새사람이 되었도다.
나는 예수님으로 의의 새사람이 되었다.
생명의 눈이 열렸다.
평생에 하늘의 신령한 복과 땅의 원천적 기름진 복이 있을지어다.
자녀들이 잘되고 범사에 잘 되고 강건할 것이다.
네 입술이 경배와 찬양할 것이다.
주의 말씀과 기도가 가득할 것이다.
학자의 입술을 줄 것이다.
강단에서 생명의 말씀이 나오며, 많은 영혼을 살릴 것이다.
열방에 복음을 전하며 풍성한 열매를 맺을 것이다.
심은 대로 거두는 복이 있으며, 심은 것의 백배가 될 것이다.
예수 그리스도 안에서 잘되고 잘되며 형통할 것이다.
예수 그리스도와 연합되어 승리하였다.

예수 그리스도의 이름으로 선포하며 기도합니다. 아멘.

(4) 대적 기도

대적 기도는 마귀를 물리치는 기도이다. 하나님께서는 믿는 자에게 예수님의 이름으로 귀신을 쫓아낸다. 사탄, 마귀의 정체를 알고 기도한다.
믿는 자에게는 이런 표적이 따르리니 곧 그들이 내 이름으로 귀신을 쫓아내며 새 방언을 말하며 뱀을 집어 올리며 무슨 독을 마실지라도

해를 받지 아니하며 병든 사람에게 손을 얹은즉 나으리라 하시더라 (막 16:17~17).

너희 염려를 다 주께 맡기라 이는 그가 너희를 돌보심이라 근신하라 깨어라 너희 대적 마귀가 우는 사자 같이 두루 다니며 삼킬 자를 찾나니 너희는 믿음을 굳건하게 하여 그를 대적하라 이는 세상에 있는 너희 형제들도 동일한 고난을 당하는 줄을 앎이라(벧전 5:7~9).

그런즉 너희는 하나님께 복종할지어다 마귀를 대적하라 그리하면 너희를 피하리라(약 4:7).

대적 기도의 방법이다.
① 말씀을 붙잡고 기도한다.
② 예수님처럼 기도한다.
③ 죄를 자백하고 토설한다.
④ 하나님께 복종한다.
⑤ 대적한다.

대적 기도의 기도문 예로

하나님 아버지.
"마귀의 간계를 능히 대적하기 위하여 하나님의 전신 갑주를 입으라"(엡 6:11)의 말씀을 붙잡고 기도합니다.
거룩하신 하나님 아버지. 이 땅에 악의 세계를 멸하시고, 하나님의 나라가 충만하게 이루어지게 하옵소서. 하나님의 뜻이 교회와 교회를 섬기는 믿음의 성도들을 통하여 이루어지게 하옵소서.

주님, 알게 모르게 지은 죄를 자백하오니 용서하여 주옵소서.
(자신의 죄를 구체적으로 토설한다.)

주님이 주신 은혜에 감사합니다. 말씀대로 살아가도록 순종하며 살아가겠습니다.
나를 위해 죽어주시고 부활하신 예수 그리스도로 인하여 마귀의 사망 권세가 굴복되었습니다. 마귀는 옥에 갇혀있는 줄 믿습니다. 장차 주님 재림 후, 영원한 불 못, 지옥 불에 떨어질 줄 믿습니다.

주님이 주신 권능으로, 예수 그리스도의 이름으로 마귀를 대적합니다.
하나님의 전신 갑주를 입게 하옵소서. 세상 주관하는 악한 영과 하늘에 있는 악한 영을 대적합니다. 진리의 허리띠를 띠고 의의 호심경을 붙입니다.
예수 그리스도의 진리와 은혜 속에 서게 하옵소서. 평안의 복음을 신게 하시고, 믿음의 방패를 주옵소서. 구원의 투구와 성령의 검 곧 하나님의 말씀으로 이기게 하옵소서.
이미 승리하신 예수님, 지금 구원하옵소서. 지금 승리하게 하옵소서.
성령님 악을 물리쳐 주옵소서.
예수 그리스도의 이름으로 명하노니 악은 물려가라.
예수 그리스도의 이름으로 명하노니 악은 물려가라.
예수 그리스도의 이름으로 명하노니 악은 물려가라.
(반복 대적 기도)
악을 대적하여 이기게 하신 주님을 찬양합니다.
예수 그리스도의 이름으로 기도드립니다. 아멘.

(5) 방언 기도

방언은 성령의 은사, 나타나심으로 내 영의 비밀을 나타내는 기도로 사탄이 알아듣지 못하도록 하는 기도이다. 하나님께 비밀스럽게 기도하는 것이다. 방언기도는 자신도 모르지 않게 마음으로 기도해야 한다.

방언 기도에 관한 말씀이다.

① 방언을 말하는 자는 사람에게 하지 아니하고 하나님께 하나니 이는 알아 듣는 자가 없고 그 영으로 비밀을 말함이니라(고전 14:2).
② 방언을 말하는 자는 자기의 덕을 세우고 예언하는 자는 교회의 덕을 세우나니(고전 14:4).
③ 내가 만일 방언으로 기도하면 나의 영이 기도하거니와 나의 마음은 열매를 맺히지 못하리라(고전 14:14).
④ 따라서 방언기도의 내용은 반드시 통역의 은사를 받은 자에 의하여 통역되어야만 알 수 있다(고전 14:13).
⑤ 방언기도의 내용은 참으로 통역하는 자가 없이는 본인은 물론 그 누구도 명확한 내용을 알 수 없다(고전 14:14).
⑥ 그러므로 방언은 믿는 자들을 위하지 않고 믿지 아니하는 자들을 위하는 표적이나 예언은 믿지 아니하는 자들을 위하지 않고 믿는 자들을 위함이니(고전 14:22).
⑦ 네가 강포한 백성을 다시 보지 아니하리라 그 백성은 방언이 어려워서 네가 알아 듣지 못하며 말이 이상하여 네가 깨닫지 못하는 자니라(사 33:19).
⑧ 너를 언어가 다르거나 말이 어려운 백성에게 보내는 것이 아니요 이스라엘 족속에게 보내는 것이라 너를 언어가 다르거나 말이 어려워

네가 알아듣지 못할 열국에 보내는 것이 아니니라 내가 너를 그들에게 보내었더면 그들은 정녕 네 말을 들었으리라(겔 3:5~6).
⑨ 그러므로 나의 사랑하고 사모하는 형제들, 나의 기쁨이요 면류관인 사랑하는 자들아 이와 같이 주안에 서라(빌 4:1).
⑩ 온갖 좋은 은사와 온전한 선물이 다 위로부터 빛들의 아버지께부터 내려오나니 그는 변함도 없으시고 회전 하는 그림자도 없으시니라(야 1;17).

방언 기도의 방법이다.
① 간절히 한 단어, 하 문장으로 기도한다.
② 성령의 임재 인도로 간구한다.
③ 사랑으로 기도한다.
④ 기도하면서 방언의 은사가 임한다.

방언의 은사를 받은 자에게 주시는 교훈이다.
① 방언의 은사는 성령님의 여러 가지 은사 중의 하나이지 특별한 은사가 아님을 알고 교만하지 말고 겸손히 하나님께만 기도하라 (고전 12:4~11, 27~31, 13:1).
② 방언의 은사를 받은 자는 그리스도의 몸 된 교회에 덕을 세우지 못하는 일이 없도록 특별히 힘써야 한다(고전 14:3~5).
③ 방언의 은사를 받은 자는 통역할 수 있기를 위해 기도해야 한다 (고전 14:5, 13).
④ 교회의 질서를 지키고 질서가 있게 해야 한다(고전 14:27, 40).
⑤ 통역이 없는 방언은 잠잠히 하나님께만 할 것이다(고전 14:27~ 28).
⑥ 교회의 덕과 질서를 위하여 필요할 때는 절제해야 한다(고전 13: 32~33).

(6) 금식 기도

기독교는 유일하신 하나님을 믿고 입으로 고백하고 하나님을 경외하며 예배한다. 하나님께서는 자연과 성경을 통하여 자신을 계시한다. 하나님은 삼위일체로 존재하신다. 인간의 본분은 하나님을 경외하며 그 명령을 짙는 것이다(전 12:13~14). 기독교는 예수 그리스도의 진리와 은혜로 생명을 살리는 종교, 체험의 종교이다.

예수 그리스도 하나님의 뜻을 체험하는 방법에서 최자실 목사는 금식 기도를 권했다.

금식에 관한 말씀이다. "금식할 때에 너희는 외식하는 자들과 같이 슬픈 기색을 내지말라 저희는 금식하는 것을 사람에게 보이려고 얼굴을 흉하게 하느니라. 내가 진실로 너희에게 이르노니 저희는 자기 상을 이미 받았느니라 너는 금식할 때에 머리에 기름을 바르고 얼굴을 씻으라 이는 금식하는 자로 사람에게 보이지 않고 오직 은밀한 중에 계신 네 아버지께 보이게 하려 함이다 은밀한 중에 보시는 네 아버지께서 갚으시리라"(마 6:16~18).

"요한의 제자들과 바리새인들이 금식하고 있는지라 혹이 예수께 와서 말하되 요한의 제자들과 바리새인의 제자들은 금식하는데 어찌하여 당신의 제자들은 금식하지 아니하나이까 예수께서 저희에게 이르시되 혼인집 손님들이 신랑과 함께 있을 때에 금식할 수 있느냐 신랑과 함께 있을 동안에는 금식할 수 없나니 그러나 신랑을 빼앗길 날이 이르리니 그 날에는 금식할 것이니라"(막 2:18~20).

초대교회 제자들은 금식 기도했다. 바울은 그가 처음 다메섹 도상에서 그리스도를 만난 후, "삼일 동안 먹지도 마시지도 아니하니라"(행

9:9).
"이에 금식하며 기도하고 두 사람에게 안수하여 보내니라"(행 13:3).
"교회에서 장로들을 택하여 금식 기도하며 그들이 믿는 주께 그들을 위탁하고"(행 14:23).

금식기도의 필요성이다.
① **금식기도는 하나님이 기뻐하시는 일이기 때문이다.**
"나의 기뻐하는 금식은 흉악의 결박을 풀어주며 멍에의 줄을 끌러주며 압제 당하는 자를 자유하게 하며 모든 멍에를 꺾는 것이 아니겠느냐"(사 58:6).
② **금식기도는 하나님을 섬기는 일이다.**
"온 땅의 백성과 제사장들에게 이르라 너희가 칠십년 동안 다섯째 달과 일곱째 달에 금식하고 애통하였거니와 그 금식 이 나를 위하여, 나를 위하여 한 것이냐"(슥 7:5).
③ **금식기도는 육신과 싸우기 위함이다.**
"내가 내 몸을 쳐 복종하게 함은 내가 남에게 전파한 후에 자신이 도리어 버림을 당할까 두려워함이로라"(고전 9:27).
④ **금식기도는 죄를 참회하고 슬퍼하기 때문이다.**
"니느웨 백성이 하나님을 믿고 금식을 선포하고 높고 잦은 자를 막론하고 굵은 베 옷을 입은지라"(욘 3:5).
⑤ **금식기도는 평강과 희락을 위한 일인 까닭에**
"하나님의 나라는 먹는 것과 마시는 것이 아니요 오직 성령 안에서 의와 평강과 희락이라"(롬 14:17).

금식에 임할 태도는 금식하고자 하는 마음이 하나님께서 주신 것이라고 확신하는 믿음을 가지는 것이다. 하나님을 바라보며 자신의 애통한 마음을 느껴야 한다. 회개해야 한다. 금식하는 영적 목표들이 무엇인지 확실히 알아야 한다. 금식이 자신과 남을 위한 것이 되도록 한다. 외식하는 사람처럼 사람에게 보이려고 하지 말아야 한다. 금식의 열매를 알고, 하나님이 기뻐하시는 금식이 되도록 한다.

금식 기도의 방법이다.
① 금식하며 기도한다.
② 죄를 자복한다.
③ 겸허한 마음으로 한다.
④ 말씀을 읽고 묵상한다.
⑤ 야베스의 기도, 예수님의 기도를 본받아 기도한다.

금식의 결과이다.
개인적인 결과이다.
① 하나님이 인도하심이 있다(삿 20:26).
② 그리스도의 고난을 체험한다(마 9:14~15).
③ 사탄의 유혹이나 시험을 물리치게 된다(마 4:1~11).
④ 성도의 감사 생활이다(고후 11:27).
⑤ 성도의 섬기는 생활이다(눅 2:37).

단체적인 효과이다.
① 주님께 불쌍히 여기심을 받게 된다(삼성 7:5~6, 느 9:1).
② 부흥하게 된다(느 9:1, 렘 29:10~13, 행 13:2~3).
"기도를 생명보다 더 사랑하는 자가 생명을 얻고 더 풍성한 생명을 얻는다."

그런데 금식을 마치고도 사탄은 떠나지 않았음을 알아야 한다.
"마귀가 모든 시험을 다 한 후에 얼마 동안 떠나리라"(눅 4:13).

마귀가 성령에 이끌린 기도자의 사람에게도 능력을 시험함을 기억하라.

"시험하는 자가 예수께 나아와서 이르되 네가 만일 하나님의 아들이어든 명하여 이 돌들이 떡덩이가 되게 하라"(마 4:3).

마귀는 명예로 창찬으로 시험하고자 함을 기억하라.
"마귀가 또 예수를 이끌고 올라가서 순식간에 천하 만국을 보이며 가로되 이 모든 권세와 그 영광을 내가 네게 주리라 이것은 내게 넘겨 준 것이므로 나의 원하는 자에게 주노라 그러므로 네가 만일 내게 절하면 다 네 것이 되리라 예수께서 대답하여 가라사대 기록하기를 주 너의 하나님께 경배하고 다만 그를 섬기라 하였느니라 또 이끌고 예루살렘으로 가서 성전 꼭대기에 세우고 이르되 네가 만일 하나님의 아들이어든 여기서 뛰어 내리라 기록하였으되 하나님이 너를 위하여 그 사자들을 명하사 너를 지키게 하시리라 하였느니라 또한 그들이 손으로 너를 받들어 네 발이 돌에 부딪히지 않게 하시리라) 하였느니라 예수께서 이르시되 주 너희 하나님을 시험하지 말라 하였느니라"(눅 4:5~12).

하나님과 사람 앞에 겸손하고, 건강에 특별히 주의해야 한다.

(7) 안수기도

일반적으로 안수기도는 기도하는 자가 기도 받는 자의 몸에 손을 얹든지 만지면서 기도하는 것을 의미한다. 안수기도는 구약시대로부터 유래되고 있으며 신약시대에는 특별히 예수님이 친히 안수기도하셨고 따라서 제자들도 안수기도하였다.

안수기도의 유익이다.
① 안수기도는 안수받는 사람의 믿음을 증진하게 시킨다.
② 특히 믿음이 약한 사람들은 안수기도를 받는 순간 그 마음이 뜨거워지고 강해지는 체험을 느낄 수 있다.

안수기도의 효력이다.
① 그러나 안수기도를 받는다고 100%의 효력이 있는 것은 아니다. 안수기도도 기도의 한 유형임으로 "기도의 원칙"에 따라야 한다.
② 즉 안수받는 사람에게 믿음이 있어야 하고, 안수하는 사람에게 능력이 있어야 하며, 하나님의 섭리인 응답이 있어야만 한다. 이상의 3가지 중 하나라도 빠지게 되면 그 안수기도는 아무 소용이 없다.

안수하는 사람과 안수받는 사람이 주의할 점이다.

안수하는 사람이 주의할 사항이다.
① 안수하는 사람은 먼저 자기가 성령 충만한가 성령 충만하지 못한가? 자신을 살펴보아야 한다.
② 안수하는 사람은 안수받는 사람이 사모하는 마음과 믿음의 마음으로 요청할 때만 행한다.
③ 안수하는 사람은 성경 내의 덕을 생각해서 안수해야 하며, 이성간의 안수기도 시에는 특히 조심하여야 한다.
④ 안수하는 사람의 몸에 손을 대는 것 이상 힘을 가하거나 때리거나 기타 행위를 삼가야 한다.
⑤ 안수하는 사람은 아무에게나 경솔히 안수하지 않도록 한다. "아무에게나 경솔히 안수하지 말고 다른 사람의 죄에 간섭지 말고 네 자신을 지켜 정결케 하라"(딤전 5:22).

안수받는 사람이 주의할 사항이다.
① 안수받는 사람은 아무에게나 안수기도를 받을 것이 아니요 안수기도하는 사람의 신앙 상태와 그 사람이 받은 영을 분별하여야 한다.
② 안수받은 사람은 어제나 공개적인 장소에서 안수를 받도록 하며, 가능하면 여러 사람이 있는 데서 공동으로 받는 것이 좋다.
③ 안수받는 사람은 준비기도 후 안수기도를 받도록 한다.
④ 안수받는 사람은 오직 주 예수 그리스도를 믿음으로 안수받도록 하여야 한다.
⑤ 안수받는 사람은 주의 일에 사명을 받을 때, 받도록 한다.
"금식하며 기도하고 두 사람에게 안수하여 보내니라"(행 13:3).
"그러므로 내가 나의 안수하므로 내 속에 있는 하나님의 은사를 다시 불일듯하게 하기 위하여 너로 생각하게 하노니"(딤후 1:6).

안수함으로써의 유익이다.
① **안수함으로 은사가 불일 듯 일어난다.**
사도 바울이 디모데에게 안수했다. 그러나 디모데도 하나님의 아들이라고 했으나 그에게도 은사가 계속 그대로 유지 되지는 못했다. 그래서 안수해서 하나님의 은사가 다시 불일 듯 일어나게 해주겠다고 한다.
바울만 그렇게 일어나는 것이 아니라 오늘날에 신실한 능력의 목사님들도 성령의 권능을 받고, 안수할 때 은사가 회복되는 것을 믿으시길 바란다. 바울의 손에 무엇이 있어서 그런 것이 아니라 하나님이 바울의 손을 쓸 따름이다.
② **인수함으로 지혜의 영이 임한다.**
"모세가 눈의 아들 여호수아에게 안수하였으므로 그에게 지혜의 신이 충만하니 이스라엘 자손이 여호와께서 모세에게 명하신 대로 여호수아의 말을 순종하였더라"(신 34:9). 모세가 눈의 아들 여호수아에

게 안수하니 지혜의 신이 충만했다.
③ 성령이 임한다.
"예루살렘에 있는 사도들이 사마리아도 하나님의 말씀을 받았다 함을 듣고 베드로와 요한을 보내매 그들이 내려가서 저희를 위하여 성령 받기를 기도하니 이는 아직 한 사람에게도 성령 내리신 일이 없고 오직 주 예수의 이름으로 세례만 받을 뿐이더라 이에 두 사도가 저희에게 안수하매 성령을 받는지라 아멘 안수하매 성령을 받은지라"(행 8:14~17).

④ 돈으로 살 수 없다.
"베드로가 이르되 네가 하나님의 선물을 돈 주고 살 줄로 생각하였으니 네 은과 네가 함께 망할지니어다"(행 8:20). 아주 중요하다.

⑤ 안수를 잘해야 하고 잘 받아야 한다.
안수기도는 잘 받으면 약이 되지만, 못 받으면 안수받고도 귀신이 들어가는 때도 있다.

어떤 사람은 안수받으면 성령이 임하므로 회개하게 된다. 안수기도를 제대로 하고 겸손하게 받으면 안수받을 때 성령이 임하는 것을 믿고 체험하게 된다.

⑥ 병이 낫는다.
"손을 내밀어 병을 낫게 하옵시고 표적과 기사가 거룩한 종 예수의 이름으로 이루어지게 하옵소서 하더라"(행 4:30).

⑦ 귀신을 쫓아내며 병을 낫게 한다.
"믿는 자들에게는 이런 표적이 따르리니 곧 저희가 내 이름으로 귀신을 쫓아내며 새 방언을 말하여 뱀을 집으며 무슨 독을 마실지라도 해를 받지 아니하며 병든 사람에게 손을 얹은즉 나으리라 하시더라"(마 16:17~18). 말씀대로 병든 자에게 손을 얹은즉 나으리라고 믿으시면, '아멘' 하길 바란다.

구약에 나오는 안수의 예이다.
① 축복을 빌 때 안수하며 기도했다.
 - 창 27:1~29(이삭이 야곱에게)
 - 창 48:8~22(야곱이 요셉의 두 아들에게)
② 모세의 후계자로 여호수아를 임명할 때
"여호와께서 모세에게 이르시되 눈의 아들 여호수아는 그 안에 영이 머무는 자니 너는 데려다가 그에게 안수하고"(민 27:18).
③ 히스기야가 나라를 위해 성전에서 제사를 드릴 때
"이에 속죄제물로 드릴 숫염소들을 왕과 회중의 앞으로 끌어오매 그들이 그 위에 안수하고"(대하 29:23).

신약에 나오는 안수의 예이다.
① 예수님이 어린아이들에게 안수하고 축복하신다.
"그때에 사람들이 예수께서 안수하고 기도해주심을 바라고 어린아이들을 데리고 오매 제자들이 꾸짖거늘 예수께서 가라사대 어린아이들을 용납하고 내게 오는 것을 금하지 말라 천국이 이런 사람의 것이니라 하시고 그들에게 안수하시고 거기를 떠나시니라"(마 19:13~15).
"그 어린 아이들을 안고 그들 위에 안수하시고 축복 하시니라"(막 10:16).
② 예수님이 병자를 고치실 때에 안수하신다.
"예수께서 손을 내밀어 그에게 대시며 이르시되 내가 원하노니 깨끗함을 받으라 하시니 즉시 그의 나병이 깨끗하여진지라"(마 8:3).
"사람들이 귀먹고 말 더듬는 자를 데리고 예수께 나아와 안수하여 주시기를 간구하거늘"(막 7:32).
"예수께서 맹인의 손에 잡으시고 마을 밖으로 데리고 나가사 눈에 침을 뱉으시며 그에게 안수하시고 무엇이 보이느냐 물으시니 쳐다보며 이르되 사람들이 보이나이다 나무 같은 것들의 걸어 가는 것을 보나이다 하거늘 이에 그 눈에 다시 안수하시매 그가 수복하여 보더니 나아서 모든 것을 밝히 보는지라"(막 8:23~25).

"열여덟 해 동안이나 귀신들려 앓으며 꼬부라져 조금도 펴지 못하는 한 여자가 있더라 예수께서 보시고 불러 이르시되 여자여 네가 네 병에서 놓였다 하시고 안 수하시매 여자가 곧 펴고 하나님께 영광을 돌리는지라"(눅 13:11~13).

③ **사도들이 병자를 고칠 때에 안수한다.**

"손을 내밀어 병을 낫게 하옵시고 표적과 기사가 거룩한 종 예수의 이름으로 이루어지게 하옵소서 하더라"(행 4:30).

"보블리오의 부친이 열병과 이질에 걸려 누웠거늘 바울이 들어가서 기도하고 그에게 안수하여 낫게 하매"(행 28:8).

④ **일곱 집사를 뽑을 때 사도들이 기도하고 안수한다**(행 6:6).

⑤ **성령 받기를 위해 기도할 때 안수한다.**

- 베드로와 요한이 사마리아 사람들에게(행 8:15~17)
- 아나니아가 바울에게(행 9:17~18)
- 바울이 에베소 교인에게(행 19:6~7)

⑥ **바나바와 바울을 파송할 때 안수한다.**

"이에 금식하며 기도하고 두 사람에게 안수하여 보내니라"(행 13:3).

⑦ **장로들을 세울 때 안수한다.**

"네 속에 있는 은사 곧 장로의 회에서 안수 받을 때에 예언을 통하여 받은 것을 가볍게 여기지 말며"(딤전 4:14).

"아무에게나 경솔히 안수하지 말고 다른 사람의 죄에 간섭지 말고 네 자신을 지켜 정결케 하라"(딤전 5:22).

열심있고 헌시하는 전도의 사명을 완수키 위함이다.

"네 눈물을 생각하여 너 보기를 원함은 내 기쁨이 가득하게 하려 함이니"(딤후 1:4).

4) 기도시 주의점

(1) 응답받지 못하는 기도

① 믿지 않고 의심하는 자의 기도
"오직 믿음으로 구하고 조금도 의심하지 말라 의심하는 자는 마치 바람에 밀려 요동하는 바다 물결 같으니 이런 사람은 무엇이든지 주께 얻기를 생각하지 말라"(약 1:6~7).
② 부부간에 화목하지 못한 자의 기도
"남편들아 이와 같아 지식을 따라 너희 아내와 동거하고 그를 더 연약한 그릇이요 또 생명의 은혜를 함께 이어받을 자로 알아 귀히 여기라 이는 너희 기도가 막히지 아니하게 하려 함이라"(벧전 3:7).
③ 죄를 회개하지 않는 자의 기도
"너희가 손을 펼 때에 내가 눈을 너희에게서 가리고 너희가 많이 기도할지라도 내가 듣지 아니하리니 이는 너희의 손에 피가 가득함이니라"(사 1:15).
"오직 너희 죄악이 너희와 너희 하나님 사이를 갈라 놓았고 너희 죄가 그 얼굴을 가리어서 너희에게서 듣지 않으시게 함이니라"(사 59:2).
"내가 내 마음에 죄악을 품었더라면 주께서 듣지 아니하시리라"(시 66:18).
"너희 허물이 이러한 일들을 물리쳤고 너희 죄가 너희에게 오는 좋은 것을 막았느니라"(렘 5:25).
④ 마음속에 우상을 숭배하는 자의 기도
"너희가 나를 버리고 다른 신들을 섬기니 그러므로 내가 다시는 너희를 구원치 아니하리라"(삿 10:13).
"그러므로 너는 이 백성을 위하여 기도하지 말라 그들을 위하여 부르짖거나 구하지 말라 그들이 그 고난으로 말미암아 내게 부르짖을 때에 내가 그들에게서 듣지 아니 하리라"(렘 11:14).

⑤ 남의 죄를 용서치 않는 자의 기도
"서서 기도할 때에 아무에게나 혐의가 있거든 용서하라 그리하여야 하늘에 계신 너희 아버지도 너희 허물을 사하여 주시리라 하시니라"(막 11:25).

⑥ 형제간에 화목하지 못한 자의 기도
"예물을 제단 앞에 두고 먼저 가서 형제와 화목하고 그 후에 와서 예물을 드리라"(마 5:24).

⑦ 정욕(욕심)으로 구하는 기도
"구하여도 받지 못함은 정욕으로 쓰려고 잘못 구하기 때문이라"(약 4:3).

⑧ 자만하는 자의 기도
"바리새인은 서서 따로 기도하여 가로되 하나님이여 나는 다른 사람들 곧 토색, 불의, 간음을 하는 자들과 같지 아니하고 이 세리와도 같지 아니함을 감사하나이다 나는 이레에 두 번씩 금식하고 또 소득의 십일조를 드리나이다 하고"(눅 18:11~12).

⑨ 염려하면서 구하는 기도
"아무것도 염려하지 말고 다만 모든 일에 기도와 간구로, 너희 구할 것을 감사함으로 하나님께 아뢰라 그리하면 모든 지각에 뛰어난 하나님의 평강이 그리스도 예수 안에서 너희 마음과 생각을 지키시리라"(빌 4:6~7).

⑩ 주는 데 인색한 자의 기도
"귀를 막고 가난한 자의 부르짖는 소리를 듣지 아니하면 자기의 부르짖을 때에도 들을 자가 없으리라"(잠 21:13).

⑪ 외식하는 자의 기도
"또 너희가 기도할 때에 외식하는 자와 같이 하지 말라 그들은 사람에게 보이려고 회당과 큰 거리 어귀에 서서 기도하기를 좋아하느니

라 내가 진실로 너희에게 이르노니 저희는 자기 상을 이미 받았느니라"(마 6:5).

⑫ 중언부언하는 기도

"또 기도할 때에 이방인과 같이 중언부언하지 말라 그들은 말을 많이 하여야 들으실 줄 생각하느니라"(마 6:7).

(2) 기도하지 않는 핑계들

기도하지 않는 핑계들은,

① 육신의 생각으로 두 마음을 품어서이다(롬 8:7, 호 10:2).
② 게으름과 나태함으로부터 이다(전 10:18, 잠 6:6, 엡 5:14).
③ 세상을 탐하고 세상에서 너무 바빠서이다(눅 14:18~20).
기도하는 사람은 오직 하나님의 영광을 구한다.
기도하는 사람은 바른 정확한 신앙을 고백한다.
기도하는 사람은 생명의 말씀을 믿고 행한다.
기도하는 사람은 참 소망, 거룩한 믿음의 사람이다.
기도하는 사람은 성령이 충만한 사람이다.
기도하는 사람은 사명을 가지고 교회를 섬긴다.
기도하는 사람은 십자가를 자랑한다.
기도하는 사람은 교회를 통하여 예수 그리스도를 전하고 증언한다.
기도하는 사람은 현재도 미래 다시 오실 주님만 바라보며 따라간다.
기도하는 사람은 교회를 통하여 사랑을 전하는 사람이다.

5) 성경에 나오는 주요 기도

(1) 아브라함의 기도
- 소돔과 고무라를 위한 아브라함의 중보기도(창 18:16~33)
- 그랄왕 아비멜렉을 위하여 아브라함이 기도하니 하나님이 응답하심(창 20:7)
- 아브라함이 하나님께 기도하니 아비멜렉과 그의 안와 여종을 치료하고 출산케 하심(17~18)
- 아브라함의 늙은 종이 아브라함으로 인하여 이삭의 아내 리브가를 만나기 위한 기도와 이루어지는 과정의 늙은 종의 기도(창 24:12~14, 26~27, 63~67)

(2) 야곱의 기도
- 야곱이 하란으로 향하는 길 중, 벧엘에서 꿈 속에서 하나님의 사자를 보고 하나님께 서원 기도(창 28:16, 20~22)
- 20년 만에 에서와 만나는 위기 상황에서의 야곱의 기도(창 32:9~12)
- 얍복 나루에서 허벅지 관절이 어긋날 때까지 하나님과 씨름하는 기도(창 32:22~31)

(3) 모세의 기도
- 모세가 호렙산에서 하나님과 대면하며 기도(출 3:1~4:17)
- 개구리 재앙을 그치도록 한 기도(출 8:12~13)
- 파리 재앙을 그치도록 한 기도(출 8:30~31)
- 마라의 서서 마시지 못한 물을 마시도록 한 기도(출 15:22~25)
- 아말렉과 싸울 때 모세가 손을 들면서 이기게 한 기도(출 17:11~16)
- 모세의 40일 시내산에서 기도(출 24:18)

- 백성을 위해 드리는 중보기도(출 32:11~12, 31~32)
- 모세가 회막에서 하나님과 친구처럼 이야기하듯 기도(출 33:8~11)
- 백성의 범죄함을 인하여 중보기도(민 11:1~2)
- 미리암의 범죄로 인하여 중보기도(민 12:9~14)

하나님의 사람 모세의 기도,

시편 90편은 인간의 삶 짧고 비참하나, 예수 십자가로 죽음후의 삶의 희망 가지고, 현재의 삶도 기쁨을 희망한다.

90:1 주여 주는 대대에 우리의 거처가 되셨나이다 90:2 산이 생기기 전, 땅과 세계도 주께서 조성하시기 전 곧 영원부터 영원까지 주는 하나님이시니이다

90:3 주께서 사람을 티끌로 돌아가게 하시고 말씀하시기를 너희 인생들은 돌아가라 하셨사오니 90:4 주의 목전에는 천 년이 지난 어제 같으며 밤의 한 순간 같을 뿐임이니이다 90:5 주께서 그들을 홍수처럼 쓸어가시나이다 그들은 잠깐 자는 것 같으며 아침에 돋는 풀 같으니이다 90:6 풀은 아침에 꽃이 피어 자라다가 저녁에는 시들어 마르나이다

90:7 우리는 주의 노에 소멸되며 주의 분내심에 놀라나이다 90:8 주께서 우리의 죄악을 주의 앞에 놓으시며 우리의 은밀한 죄를 주의 얼굴 빛 가운데에 두셨사오니 90:9 우리의 모든 날이 주의 분노 중에 지나가며 우리의 평생이 순식간에 다 하였나이다 90:10 우리의 연수가 칠십이요 강건하면 팔십이라도 그 연수의 자랑은 수고와 슬픔뿐이요 신속히 가니 우리가 날아가나이다 90:11 누가 주의 노여움의 능력을 알며 누가 주의 진노의 두려움을 알리이까 90:12 우리에게 우리 날 계수함을 가르치사 지혜로운 마음을 얻게 하소서

90:13 여호와여 돌아오소서 언제까지니이까 주의 종들을 불쌍히 여기소서 90:14 아침에 주의 인자하심이 우리를 만족하게 하사 우리를 일생 동안 즐겁고 기쁘게 하소서 90:15 우리를 괴롭게 하신 날수대로와 우리가 화를 당한 연수대로 우리를 기쁘게 하소서 90:16 주께서 행하신 일을 주의 종들에게 나타내시며 주의 영광을 그들의 자손에게 나타내소서 90:17 주 우리 하나님의 은총을 우리에게 내리게 하사 우리의 손이 행한 일을 우리에게 견고하게 하소서 우리의 손이 행한 일을 견고하게 하소서

(4) 여호수아의 기도

- 여호수아가 아모리를 치기 위하여 천지만물을 주관하시는 하나님께 태양을 중천에 머물게 한 기도(수 10:12~14)

수 10:12~14

10:12 여호와께서 아모리 사람을 이스라엘 자손에게 넘겨 주시던 날에 여호수아가 여호와께 아뢰어 이스라엘의 목전에서 이르되 태양아 너는 기브온 위에 머무르라 달아 너도 아얄론 골짜기에서 그리할지어다 하매
10:13 태양이 머물고 달이 멈추기를 백성이 그 대적에게 원수를 갚기까지 하였느니라 야살의 책에 태양이 중천에 머물러서 거의 종일토록 속히 내려가지 아니하였다고 기록되지 아니하였느냐
10:14 여호와께서 사람의 목소리를 들으신 이같은 날은 전에도 없었고 후에도 없었나니 이는 여호와께서 이스라엘을 위하여 싸우셨음이니라

(5) 삼손의 기도

- 삼손이 나귀 세 턱뼈로 블레셋 인 천명을 죽인 삼손의 기도(삿 15:14~19)
- 삼손의 죽기 전 마지막 부르짖는 기도와 응답(삿 16:26~30)

삿 16:26~30

16:26 삼손이 자기 손을 붙든 소년에게 이르되 나에게 이 집을 버틴 기둥을 찾아 그것을 의지하게 하라 하니라 16:27 그 집에는 남녀가 가득하니 블레셋 모든 방백들도 거기에 있고 지붕에 있는 남녀도 삼천 명 가량이라 다 삼손이 재주 부리는 것을 보더라
16:28 삼손이 여호와께 부르짖어 이르되 주 여호와여 구하옵나니 나를 생각하옵소서 하나님이여 구하옵나니 이번만 나를 강하게 하사 나의 두 눈을 뺀 블레셋 사람에게 원수를 단번에 갚게 하옵소서 하고
16:29 삼손이 집을 버틴 두 기둥 가운데 하나는 왼손으로 하나는 오른손으로 껴 의지하고 16:30 삼손이 이르되 블레셋 사람과 함께 죽기를 원하노라 하고 힘을 다

하여 몸을 굽히매 그 집이 곧 무너져 그 안에 있는 모든 방백들과 온 백성에게 덮이니 삼손이 죽을 때에 죽인 자가 살았을 때에 죽인 자보다 더욱 많았더라

(6) 한나의 기도
- 한나가 자녀, 아들 사무엘을 통곡하며 구하고 서원하는 기도(삼상 1:10~17)
- 한나가 사무엘로 인하여 여호와를 찬양하며 감사하는 기도(삼상 2:1~10)

(7) 사무엘의 기도
- 사무엘이 하나님의 음성을 처음 듣고 드리는 기도(삼상 3:10)
- 사무엘이 이스라엘을 위한 금식하면서 드리는 중보 기도(삼상 7:5~12)
- 사무엘이 왕을 요구하는 백성의 말을 듣고 여호와께 드리는 기도(삼상 8:21)
- 백성들을 위한 중보기도 요청에 기도를 쉬지 않겠다는 다짐(삼상 12:19~25)

(8) 다윗의 기도
- 하나님으로부터 언약받은 후 다윗이 드리는 기도(삼하 7:18~29)
- 하나님의 약속을 위한 간구(삼하 7:25~26)
- 대적이 가하는 고통 가운데 도움을 구하며 하나님에게 호소하는 기도(시 17:1~13)
- 여호와를 즐거워하며 기뻐하라고 함(시 32:11)
- 두렵고 곤고한 자가 부르짖어 하나님께 피하고자 기도(시 34:4~22)
- 우리야의 아내를 범한 죄에 대한 깊은 회개와 용서를 비는 통곡 기도(시 51:1~19)

- 저녁과 아침과 정오에 탄식하며 기도시(55:17)
- 근심 중 여호와께 부르짖으며 고통을 벗어나게 간구, 인자하심을 찬송(107:6~15)
- 구원을 간구하는 시(118:25~29)
- 깊은 데서 부르짖는 기도시(130:1~8)
- 주께로 피하며 부르짖는 다윗의 기도시(141:1~10)
- 고통 중에서 부르짖고 간구하는 기도시(142:1~7)

시 130:1~8(죄를 범한 후, 하나님과의 회복된 관계를 추구하는 자를 위한 기도)
130:1 여호와여 내가 깊은 곳에서 주께 부르짖었나이다
130:2 주여 내 소리를 들으시며 나의 부르짖는 소리에 귀를 기울이소서
130:3 여호와여 주께서 죄악을 지켜보실진대 주여 누가 서리이까
130:4 그러나 사유하심이 주께 있음은 주를 경외하게 하심이니이다
130:5 나 곧 내 영혼은 여호와를 기다리며 나는 주의 말씀을 바라는도다
130:6 파수꾼이 아침을 기다림보다 내 영혼이 주를 더 기다리나니 참으로 파수꾼이 아침을 기다림보다 더하도다
130:7 이스라엘아 여호와를 바랄지어다 여호와께서는 인자하심과 풍성한 속량이 있음이라
130:8 그가 이스라엘을 그의 모든 죄악에서 속량하시리로다

(9) 솔로몬의 기도
- 지혜를 구하는 솔로몬의 기도(왕상 3:6~9)
- 앞에서의 솔로몬 기도, 성전봉헌시 솔로몬의 기도(왕상 8:22~53, 대하 6:12~42)

(10) 엘리야의 기도
- 3년 6개월의 비를 막는 기도(왕상 17:1)
- 다시 비를 내리게 하는 기도(왕상 18:41~46, 약 5:17~18)

- 사르밧 여인의 죽은 아들을 살리는 기도(왕상 17:17~24)
- 갈멜산상에서 바알과 아세라의 선지자와의 대결할 때의 기도(왕상 18:16~46)

(11) 엘리사의 기도
- 수넴여인의 죽은 아들을 살리는 엘리사의 기도(왕하 4:32~37)
- 하나님의 사람, 사환의 눈을 열어 천군 천사를 보게 한 기도(왕하 6:15~20)

(12) 히스기야의 기도
- 앗수르의 왕 산헤립의 편지를 받고 나라를 구원하기 위한 중보기도(왕하 19:14~19)
- 유월절 절기, 결례를 잘못 지킨 레위인, 백성을 위한 중보기도(대하 30:17~20)

(13) 에스라의 기도
- 이방 족속과의 통혼을 자복하고 한탄하여 드린 회개기도(스 9:1~10:1)

(14) 느헤미야의 기도
- 예루살렘을 위한 금식 중보기도(느 1:2~11)
- 성벽 준공을 방해하는 자를 물리치고 준공하도록 하기 위한 중보기도(느 4:4~5)
- 느헤미야의 개혁에 자신의 충성심과 마음을 하나님께 고백(느 13:14)

(15) 욥의 기도
- 욥이 하나님을 만나고 드리는 회개기도(욥 42:1~6)

- 욥이 친구들을 위해 중보기도할 때 여호와께서 갑절의 소유를 둠 (욥 42:10)

(16) 히스기야의 기도
- 히스기야의 병을 고친 병고침의 히스기야의 간구 기도(왕하 20:1~6, 사 38:1~8)
- 징표 요구에 해그림자를 10도 물러가게 한 이사야의 기도(왕하 10:10)
- 앗수르 군대 산헤립의 위협에 히스기야와 이사야의 하나님께 부르짖은 합심 기도(대하 32:20)

(17) 예레미야의 기도
- 하나님의 주권 기도, 자신에게 자비를, 유다를 괴롭히는 이방나라에게는 진노 기도(렘 10:23~25)
- 박해의 때, 슬픔 가운데 선포하며 드리는 예레미야의 기도(렘 20:7~18)

(18) 에스더의 기도
- "죽으면 죽으리이다"하며 금식 중보 기도(에 4:16)

(19) 다니엘의 기도
- 예루살렘을 향하여 하루 3번씩 무릎을 꿇고 기도(단 6:1~28, 6:10.)
- 민족의 죄를 자복하는 금식 자백 간구 기도(단 9:3~19)
- 세 이레 동안 슬퍼하며 포로 해방이 성취되도록 금식 기도(단 10:1~14)

(20) 요나의 기도
- 물고기 뱃속에서의 요나의 회개와 구원에 대한 서원 기도(욘 2:2~9)

(21) 하박국의 기도
- 정의를 구하는 하박국의 기도(합 1:2~4)
- 구원을 구하는 하박국의 기도(합 3:2~19)

(22) 예수님의 주요 기도
- 주의 기도(마 6:9~13, 눅 11:2~4)
- 예수님이 드리는 대제사장적 기도(요 17:1~26)
- 겟세마네에서 드리는 예수님의 기도(마 26:39,42, 눅 22:39~44)
- 예수께서는 육체로 계실 때 하나님 아버지께 심한 통곡과 눈물로 간구와 소원을 올렸고(히 5:7)
- 예수님 공생애 바리새인과 세리의 기도(눅 8:11~13)

(23) 성령님의 기도
- 오직 성령이 말할 수 없는 탄식으로 우리를 위하여 간구하심(롬 8:26~27)
- 오순절 날 성령의 충만함을 받은 제자들의 기도(행 2:1~4)

(24) 제자들의 기도
- 예수 승천 후 제자들이 다락방에서 합심 기도(행 1:12~14)
- 하나님의 인도하심을 구하는 사도들의 기도(행 1:24~25)
- 요한계시록의 기도(계 22:20)

(25) 스데반의 기도
- 스데반의 순교 순간에 드리는 기도(행 7:60)

(26) 초대교회의 기도
- 바울과 바나바를 위한 초대교회의 기도(행 13:1~3)
- 베드로를 위한 온 교회의 간절한 기도(행 12:5~17)

(27) 바울의 기도
- 사울이 다메섹 도상에서 주님을 만난 후 3일간 간절히 금식기도 (행 9:8~11)
- 고린도 교회를 위한 바울의 기도(고후 13:7)
- 에베소 교인을 위한 바울의 기도(엡 1:15~19, 3:14~21)
- 빌립보 교인을 위한 바울의 기도(빌 1:9~11)
- 골로새 교인을 위한 바울의 기도(골 1:9~14)
- 큰 지진으로 옥문을 열어 구출을 간구하는 바울과 실라의 기도(행 16:25)

(28) 바울 서신의 기도
로마서(1:9, 8:26~24, 34, 12:12, 15:30)
고린도전서(7:5, 11:4~5, 11:13~15)
고린도후서(1:11, 5:20, 9:14, 12:8)
에베소서(1:16, 5:12, 6:18)
빌립보서(1:4, 1:9, 1:19, 4:8)
골로새서(1:3, 1:9, 4:2~3, 4:12)
데살로니가전서(1:2, 3:10, 5:17, 5:25)
데살로니가후서(1:11, 3:1)
디모데전서(2:1, 2:8, 4:5, 5:5)
빌레몬서(1:4, 1:9, 1:22)

(29) 히브리서의 기도
- 예수님의 기도 해석(5:7, 7:25)
- 공동체를 위한 기도, 선한 양심, 재림의 때 준비 간구 등(13:18~21)

(30) 야고보서의 기도
- 고난 당하는 자, 병든 자를 위한 기도, 의인의 간구 기도(5:13~18)

(31) 베드로의 기도
- 죽은 다비다를 살리는 기도(행 9:36~42)
- 남편의 기도가 막히지 않도록 기도 권면(벧전 3:7)
- 의인의 간구에 주님이 기울이신다(벧전 3:12)
- 만물의 마지막 시대가 가까이 왔으니 정신차리고 근신하여 기도하라(벧전 5:7)

(32) 요한 삼서의 기도
- 네 영혼이 잘됨같이 네가 범사에 잘되고 강건하기를 내가 강구하노라(요삼 1:2)

(33) 유다서의 기도
- 지극히 거룩한 믿음 위에 자신을 세우며 성령으로 기도하라(유 1:20)

6) 기도문 예시들
자녀들을 위한 기도문

하늘에 계신 우리 아버지여.
우리(   )를 통하여 하나님의 이름이 거룩히 여김을 받으시옵소서.
하나님의 나라가 (   )에 이루어지게 하옵소서.
하나님의 통치를 받으며, 의와 평강과 희락이 있게 하옵소서.

세상의 유혹을 물리치는 힘을 주시고, 하나님 백성답게 살며, 하나님께만 영광이 되게 하옵소서. (   )를 통하여 하나님 나라가 이 땅의 사람들에게 전해 지길 원합니다.
하나님의 뜻이 하늘에서 이루어진 것 같이 땅에서 (   )에게 이루어지게 하옵소서.

우리(   )에게, 사는 날 동안 모든 필요와 일용한 양식을 공급하여 주옵소서. 오직 능력과 사랑과 근신하는 마음(딤후 1:7)를 주옵소서. 살아가는 생활 속에서 구체적으로 함께하시옵고, 참믿음과 건강을 주옵소서.

하나님을 경외하며, 부모를 공경하고 형제를 사랑하게 하시고, 말씀과 기도로 경건을 이루어가는 사람 되게 하옵소서. 풍성한 물질을 주시고, 진실하며 온유하며 오래 참는 사람, 지혜자가 되길 원합니다.

우리 (   )가 하나님의 마음에 합한 사람이 되게 하옵소서. 하나님에게 칭찬받게 하옵소서. 하나님의 기념이 될만한 사람이 되길 원합니다.

우리(   )의 죄를 용서하옵소서. (   )가 다른 사람의 죄도 용서할 수 있게 하옵소서.

우리(   )가 시험에 들지 않기를 원합니다. 마귀와 세상에 시험당하지 않도록 하옵소서. 물질과 가난, 세상 명예와 돈, 질병과 불행한 사고의 시험이 당하지 않기를 원합니다. 사람들과의 관계에서 시험을 당하지 않도록 하옵소서.

우리(   )를 악에서 구원하여 주옵소서. (   )가 세상 악에 물들지 않게 지키시고 보호하여 주옵소서. 악을 이기는 힘, 능력을 공급하여 주옵소서.

하나님의 나라와 권세와 영광이 아버지께 영원히 있사옵나이다.
예수 그리스도의 이름으로 기도드립니다. 아멘.

추가 할 수 있는 기도

- 선한 사람이 되도록
- 성실한 사람, 성공적 사람이 되도록
- 시험을 맞을 때 온유를 유지하며 이기도록
- 건강과 안전을 위하여
- 악한 자로부터 보호받도록
- 총명하며 말을 잘하고 글을 잘 적을 수 있도록
- 열정을 가진 사람이 되도록
- 영권, 인권, 물권을 가진 사람이 되도록
- 육신의 병이 치유되도록
- 의연한 자세로 살아가도록

- 영적으로 성숙하도록
- 감사하는 자녀가 되도록
- 장래 배우자를 위한 기도
- 합당한 좋은 직업을 가지도록
- 지혜와 지식의 은사를 내려주시길
- 주님의 기쁨이 넘치도록
- 죄책감에서 벗어나도록
- 창조적인 사람, 책임감이 있는 사람이 되도록
- 친구와 잘 지내도록
- 선한 영향력을 내도록
- 재능과 능력을 키워나가도록
- 친밀감이 있는 사람이 되도록
- 참을성이 있는 사람이 되도록

아버지(어머니)의 축복 기도

여호와께서 모세에게 말씀했다. 아론과 그의 아들들에게 이스라엘 자손에게 축복 기도를 가르쳐 주어 실시하도록 한다. 그리하면, 여호와께서 그들에게 복을 주리라고 약속한다(민 6:27).

"여호와는 네게 복을 주시고 너를 지키시기를 원하며 여호와는 그의 얼굴을 네게 비추사 은혜 베푸시기를 원하며 여호와는 그 얼굴을 네게로 향하여 드사 평강 주시기를 원하노라 할지니라 하라"(민 6:24~26).

민수기 6:24~26의 제사장 축복을 자녀의 축복 기도로 활용하도록 한다.

1. (　　) 안에 자녀의 이름을 넣어서 기도한다.
여호와는 (　　)게 복을 주시고 (　　)를 지키시기를 원하며 여호와는 그의 얼굴을 (　　)게 비추사 은혜 베푸시기를 원하며 여호와는 그 얼굴을 (　　)게로 향하여 드사 평강 주시기를 원하노라 할지니라 하라

2. 머리에 손을 얹고 기도한다.

3. 조석으로 기도한다.

남편을 위한 기도문

하늘에 계신 우리 아버지여.
제 남편(   )를 통하여 하나님의 이름이 거룩히 여김을 받으시옵소서.
하나님의 나라가 제 남편에게 이루어지게 하옵소서.
하나님의 통치를 받으며, 의와 평강과 희락이 있게 하옵소서.

세상의 유혹을 물리치는 힘을 주시고, 하나님 백성답게 살며, 하나님께만 영광이 되게 하옵소서. 남편을 통하여 하나님 나라가 이 땅의 사람들에게 전해 지길 원합니다.
하나님의 뜻이 하늘에서 이루어진 것 같이 땅에서 제 남편에게 이루어지게 하옵소서.

남편이 사는 날 동안 모든 필요와 일용한 양식을 공급하여 주옵소서. 하나님께 물질을 기쁨으로 드릴 수 있게 하옵소서. 모범적이고 성실하게 헌신하는 사람이 되게 하옵소서.
오직 능력과 사랑과 근신하는 마음(딤후 1:7)를 주옵소서.
살아가는 생활 속에서 구체적으로 함께하시옵고, 참믿음과 건강을 주옵소서.

하나님을 경외하며, 부모를 공경하고 형제를 사랑하게 하시고, 말씀과 기도로 경건을 이루어가는 사람 되게 하옵소서. 풍성한 물질을 주시고, 진실하며 온유하며 오래 참는 사람, 지혜자가 되길 원합니다.

제 남편이 하나님의 마음에 합한 사람이 되게 하옵소서. 하나님에게 칭찬받게 하옵소서. 목사님께 순종하며 교회를 섬기게 하옵소서. 세상 속에서도 존경받는 일꾼이 되게 하옵소서. 하나님의 기념이 될만한 사람이 되길 원합니다.

제 남편의 죄를 용서하옵소서. 제 남편이 다른 사람의 죄도 용서할 수 있게 하옵소서.

제 남편이 시험에 들지 않기를 원합니다. 마귀와 세상에 시험당하지 않도록 하옵소서. 물질과 가난, 세상 명예와 돈, 질병과 불행한 사고의 시험이 당하지 않기를 원합니다. 제 남편이 삶의 터전에서 가정에서 어느 곳에서든지 시험을 당하지 않기를 원합니다. 제 남편이 사람들과의 관계에서 시험을 당하지 않도록 하옵소서.

제 남편을 악에서 구원하여 주옵소서. 남편이 세상 악에 물들지 않게 지키시고 보호하여 주옵소서. 악을 이기는 힘, 능력을 공급하여 주옵소서.

하나님의 나라와 권세와 영광이 아버지께 영원히 있사옵나이다.
예수 그리스도의 이름으로 기도드립니다. 아멘.

추가 할 수 있는 기도
- 하나님께서 기뻐하시고 원하시는 남편이 되게 하소서.
- 아내를 진정으로 사랑하게 하소서.
- 가정에서 삶의 터전에서 성령의 인도함에 따라 행하게 하소서.
- 부정적인 말, 태도를 버리게 하소서.
- 영권, 인권, 물권을 가지도록 하옵소서.
- 남편의 일터를 지켜주시고, 성장하게 하옵소서.
- 영육 강건하게 하옵소서.

- 과거의 것에서 빗어나게 하옵소서.
- 늘 안전을 지켜주옵소서.
- 시련을 이겨내게 하옵소서.
- 구원하여 주옵소서.
- 믿음을 굳건하게 하옵소서.
- 미래의 비전을 이루게 하소서.
- 남편이 하나님의 인도에 따라 자녀들을 양육하도록 하옵소서.
- 남편이 아이들을 이해하며 인내심으로 대하도록 하옵소서.
- 아이들을 위하여 기도하게 하옵소서.
- 아이들이 남편에게 복종하게 하소서.
- 남편이 자기 일하면서 성장하며 행복하게 하소서.

아내를 위한 기도문

하늘에 계신 우리 아버지여.
　제 아내(　　　)를 통하여 하나님의 이름이 거룩히 여김을 받으시옵소서.
　하나님의 나라가 제 아내에게 이루어지게 하옵소서.
　하나님의 통치를 받으며, 의와 평강과 희락이 있게 하옵소서.

　세상의 유혹을 물리치는 힘을 주시고, 하나님 백성답게 살며, 하나님께만 영광이 되게 하옵소서. 아내를 통하여 하나님 나라가 이 땅의 사람들에게 전해 지길 원합니다.
　하나님의 뜻이 하늘에서 이루어진 것 같이 땅에서 제 아내에게 이루어지게 하옵소서.

　아내가 사는 날 동안 모든 필요와 일용한 양식을 공급하여 주옵소서. 하나님께 물질을 기쁨으로 드릴 수 있게 하옵소서. 모범적이고 성실하게 헌신하는 사람이 되게 하옵소서.
　오직 능력과 사랑과 근신하는 마음(딤후 1:7)를 주옵소서.
　살아가는 생활 속에서 구체적으로 함께 하시옵고, 참믿음과 건강을 주옵소서.

　하나님을 경외하며, 부모를 공경하고 형제를 사랑하게 하시고, 말씀과 기도로 경건을 이루어가는 사람 되게 하옵소서. 풍성한 물질을 주시고, 진실하며 온유하며 오래 참는 사람, 지혜자가 되길 원합니다.

　제 아내가 하나님의 마음에 합한 사람이 되게 하옵소서. 하나님에게 칭찬받게 하옵소서. 목사님께 순종하며 교회를 섬기게 하옵소서. 세상 속에서도 존경받는 일꾼이 되게 하옵소서. 하나님의 기념이 될만한 사람이 되길 원합니다.

제 아내의 죄를 용서하옵소서. 제 아내가 다른 사람의 죄도 용서할 수 있게 하옵소서.

제 아내가 시험에 들지 않기를 원합니다. 마귀와 세상에 시험당하지 않도록 하옵소서. 물질과 가난, 세상 명예와 돈, 질병과 불행한 사고의 시험이 당하지 않기를 원합니다. 제 아내가 삶의 터전에서 가정에서 어느 곳에서든지 시험을 당하지 않기를 원합니다. 제 아내가 사람들과의 관계에서 시험을 당하지 않도록 하옵소서.

제 아내를 악에서 구원하여 주옵소서. 아내가 세상 악에 물들지 않게 지키시고 보호하여 주옵소서. 악을 이기는 힘, 능력을 공급하여 주옵소서.
하나님의 나라와 권세와 영광이 아버지께 영원히 있사옵나이다.
예수 그리스도의 이름으로 기도드립니다. 아멘.

추가 할 수 있는 기도 내용들이다.
- 하나님께서 기뻐하시고 원하시는 아내 되게 하소서.
- 남편을 진정으로 사랑하게 하소서.
- 가정에서 삶의 터전에서 성령의 인도함에 따라 행하게 하소서.
- 부정적인 말, 태도를 버리게 하소서.
- 영권, 인권, 물권을 가지도록 하옵소서.
- 아내의 삶의 터전을 지켜주시고, 성장하게 하옵소서.
- 영육 강건하게 하옵소서.
- 과거의 것에서 벗어나게 하소서.

- 늘 안전을 지켜주옵소서.
- 시련을 이겨내게 하옵소서.
- 구원하여 주옵소서.
- 믿음을 굳건하게 하옵소서.
- 미래의 비전을 이루게 하소서.
- 아내가 하나님의 인도에 따라 자녀들을 양육하도록 하옵소서.
- 아내가 아이들을 이해하며 인내심으로 대하도록 하옵소서.
- 아이들을 위하여 기도하게 하옵소서.
- 아이들이 아내에게 복종하게 하소서.
- 아내가 자기 일하면서 성장하며 행복하게 하소서.

교회 예식을 위한 기도문의 예는
- **절기 예배 :** 고난 주일 / 부활절 / 성령강림절 / 맥추감사절 / 추수감사절 / 성탄절

절기 예배 중에 대표적 추수감사절 기도문 예이다.

하나님 아버지.
여호와의 인자하심이 크시고 여호와의 진실하심이 영원함을 찬양하며 감사와 존귀, 영광을 올려드립니다.
하나님을 경외하는 백성에게 언약을 기억하시고, 허락하신 곳에서 땀 흘리며 수고함에 따라 수확을 풍성하게 주시니 감사합니다.
오늘 추수감사절로 예배를 드리게 되어 감사합니다. 먹을 것, 입을 것을 주시고, 나눌 수 있도록 넘치게 주신 은혜에, 감사를 드립니다.

주님, 주님의 은혜를 잊고 지은 죄들, 그리스도 안에서 이웃을 섬기는데 부족함을 용서하여 주옵소서. 하나님께서 주신 양식과 신령한

복을 교회를 섬기는데, 이웃에게 전하고 나누도록 사용하는데, 인색하며 자신의 욕망에 더 많이 사용했습니다.
　우리의 심령을 새롭게 하여, 하나님의 일들과 큰 은혜를 기억하게 하옵소서.
　저희를 통하여 하나님 나라가 이 땅에 충만하게 이루어지게 하옵소서.
　감사절을 맞이하여 우리의 심령을 새롭게 하여주옵소서.

　주님, 이 시간 드리는 감사와 찬양을 받아 주옵소서.
생활 속에 늘 감사하게 하시고, 하나님 나라 복음을 전하여 생명을 살리게 하옵소서.
성도들의 삶의 현장 문제 해결하시고, 질병에 나음을 얻고, 영육 간 강건하게 하사, 주님의 나라를 위해 나아가는 충성된 자녀 되게 하옵소서.

　주님, 추수감사절의 의미를 알게 하시고, 감사하는 방법을 알게 하여, 감사를 실행하는 믿음을 주옵소서.
　예수 그리스도의 이름으로 기도를 드립니다. 아멘.

　- 기념 예배 : 어린이 주일 / 어버이 주일

　- 세례식 : 학습식 / 유아 세례식 / 입교식 / 세례식
　대한예수교장로회 총회의 예식서에 준하여 기도한다.

　유아세례식 기도이다.
　하나님 아버지, 감사와 영광을 받으시옵소서.
　(　　)성도의 가정에 귀한 자녀(　　　)를 주시고 주위 말씀으로 자라게 하심을 감사 드립니다. 지금 세례받는 유아 (　　　) 위에 하나님

의 복과 보호하심이 항상 함께하셔서 하나님과 모든 사람 앞에서 사랑과 칭찬받는 자녀가 되게 하여주옵시고 항상 믿음으로 사는 삶이 되게 하옵소서.
예수 그리스도의 이름으로 기도를 드립니다. 아멘.

세례식 기도이다.
하나님 아버지, 영원하신 경륜으로 오늘 이 형제 자매들에게 세례받는 은총을 베풀어 주시니 감사합니다.
이들이 사는 날 동안 하나님의 나라와 복음의 증인으로서 충성하게 하시고, 교회의 덕을 세우며 거룩한 생활을 하게 하여주옵소서, 하나님께서 이들에게 은혜를 베푸시어 어떠한 고난과 인생의 역경을 만날지라도 믿음으로 인내하고 승리하게 하여주옵소서.
예수 그리스도의 이름으로 기도를 드립니다. 아멘.

- 성찬식 기도 예이다.
자비로운 하나님 아버지, 영광과 존귀와 감사와 찬송을 아버지께 드립니다.
우리를 구속하시려고 독생자 예수 그리스도를 이 땅에 보내시고 십자가 위에서 친히 그 고난과 수욕을 당하시고 돌아가게 하심으로 우리를 죄와 사망에서 해방시켜주신 사랑의 하나님 아버지! 이제 하나님 앞에서 구속함을 입은 저희 무리들이 하나님의 사랑과 그리스도의 은혜를 기억하면서 이 거룩한 예전에 참여케 하심을 진실로 감사드립니다.
이제 저희들이 주님이 제정하신 이 거룩한 성례에 동참하면서 주님의 몸과 주님의 피를 대할 때에 우리의 심령이 새로워지고 우리의 삶이 변화되게 하시고 예수 그리스도의 고난과 죽으심 그리고 부활과 승리를 기념하는 거룩한 성례가 되게 하옵소서.

그러므로 이후에 주 안에 더 깊은 영적 교제와 사랑이 있게 하시며 또한 승리가 있게 하옵소서.
주 예수 그리스도의 이름으로 기도합니다. 아멘.

- 임직식 : 목사 임직식 / 목사 위임식 / 준목(강도사) 인허식 / 장로 집사 임직(취임)식 /권사 취임식 / 추대식(원로목사, 원로장로, 공로목사) / 은퇴식(목사, 장로, 집사, 권사) /선교사 파송식

장로 집사 임직(취임)식 기도 예이다.
거룩하신 하나님 아버지!

오늘 하나님의 기쁘신 뜻을 따라 귀한 종들이 예식을 통하여 기름 부음 받게 하심을 감사합니다. 이제부터 온전히 세상과 구분되어 하나님의 도구로 쓰임받도록 성령으로 새롭게 하여 주옵소서. 세상에서 생업을 위하여 애쓰면서도 하나님의 교회를 섬기는 존귀한 종이오니 행상 붙드시고 눈동자같이 살펴주옵소서. 사랑하는 주의 종들로 하여금 세상의 빛이 되고 양무리의 본이 되고 목사님께 안위가 되도록 섬기는 일꾼이 되고, 목사님께 안위가 되도록 삼기는 선한 일꾼이 되고, 충성된 종이 되게 하옵소서.

그리하여 언약궤를 매고 요단 강물을 밟던 제사장들처럼 항상 믿음으로 앞장서 나가는 종이 되게 하시고, 아론과 훌처럼 주의 종을 붙들어주는 선한 일꾼 되게 하시고, 평생에 존경과 신임받는 가이오 장로와 같이 섬기게 하옵소서.

주의 종들이 임직을 받은 후에 교회가 부흥되게 하시고 교회 안에는 평화가, 세상에서는 칭송이 넘치게 하시고 하나님의 교회가 든든히 서게 하시고 하나님의 나라가 승리케 하옵소서.
예수님의 이름으로 기도합니다. 아멘.

- **봉헌식** : 예배당 기공식 / 예배당 정초식 / 예배당 입당식 /
  예배당 헌당식
- **혼례식** : 약혼식 / 결혼식
- **상례식** : 입관식 / 장례식 / 천국환송식 / 하관식

하관식 기도 예이다.
예수 안에서 죽은 자들을 부활시키는 전능하신 아버지여.
　예수를 믿고 천국에 간 (　　　)성도의 유해를 여기에 안장합니다. 나는 부활이요, 생명이니 나를 믿는 자는 죽어도 살겠다고 하신 주여, 고인이 주께서 재림하실 때에 영광스런 생명의 부활로 나올 줄 믿고 감사합니다.
　원하옵는 것은 슬퍼하는 유족들에게 부활의 소망을 갖게 하시어 저들이 부활의 소만을 가지고 생전에 온전한 믿음의 생활로 주님을 기쁘시게 하고, 형제 자매 간에도 화목하고 우애가 있게 하시어 천국에서 만날 수 있는 부활의 소망을 가지고 항상 감사하며 생활할 수 있는 믿음을 더하여 주옵소서! 이 시간 목사님께 권능을 주시고 말씀을 중거하실 때에 큰 위로와 소망이 되게 하옵소서.
　예수님의 이름으로 기도합니다. 아멘.

- **헌신예배** : 교사 헌신 / 재직 헌신 / 찬양 예배 / 선교회 헌신 /
  주일학교

교사 헌신예배 기도문 예이다.

하나님 아버지
어린 심령을 말씀으로 양육하도록 세워주신 교사들로 세워주시고 교사 헌신예배로 하나님께 예배드림에 감사 드립니다.

교사로 마음과 뜻과 정성을 다하여 하나님의 사랑하고 어린아이들을 사랑하도록 하옵소서. 교사들을 통하여 어린아이들에게 하나님의 나라가 충만하게 이루어지게 하옵소서. 아이들을 말씀을 먹고 심령이 새롭게 되며 예수님처럼 지혜롭게 자라나도록 하옵소서.
 아이들을 돌보는데 부족함을 용서하시고, 성령의 인도하심으로 새롭게 변화되어 아이들을 하나님 안에서 자라나도록 믿음과 소망과 사랑이 충만하게 하옵소서.
 그리스도의 바른 제자로 아이들에게 신앙의 본이 되게 하시고 사랑으로 아이들을 가르치며 아이들을 성령으로 인도하도록 도와주옵소서.

가정에서 학교에서 하나님의 말씀 안에서 하나님의 자녀로 살아가게 하옵소서.
 악에서 지켜주시고 친구들과 서로 돕고 우애롭게 지내도록 하옵소서.

하나님의 일꾼으로 세워지는 교회되게 하며, 미래의 하나님의 일꾼으로 지도자로 양성되도록 하옵소서.

예수님의 이름으로 기도합니다. 아멘.

부록 : 참고문헌

감리교신학대학교출판편집부. 「기도와 현대목회」. 서울: 감리교신학대학교출판부, 1996.
강대훈. 「마태복음주석(상)」. 서울: 부흥과개혁사, 2019.
_____. 「누가복음」. 서울: 홍성사, 2022.
길성남. 「에베소서 어떻게 읽을 것인가」. 서울: 성서유니온, 2018.
김광수. "한밤중에 간청하는 친구의 비유와 누가의 기도 신학: 누가복음 11:5~13을 중심으로. 「복음과 실천」 52/1 (2016): 63~88.
김경진. 「공관복음 어떻게 읽을 것인가」. 서울: 솔로몬, 2012.
_____. 「누가복음 어떻게 읽을 것인가?」. 서울: 대서, 2013.
김남준. 「깊이 읽는 주기도문」. 서울: 생명의말씀사, 2014.
김득중. 「누가의 신학」. 서울: 컨콜디아사, 1992.
김동수. "밤에 찾아온 친구의 비유." 「신약논단」 8/3~4 (2001): 25~38.
김병국. 「신약성경 이야기」. 서울: 대서, 2020.
_____. 「신구약 중간사 이야기」. 서울: 대서, 2018.
김영호. 「기도란 무엇인가」. 서울: 합신대학원출판부, 2019.
김학모 편. 「개혁주의 신앙고백」. 서울: 부흥과개혁사, 2015.
김형국. 「한국교회가 잃어버린 주기도문」. 서울: 조이선교회, 2013.
김홍전. 「기도에 대하여」. 서울: 성약, 2000.
나채운. "한국교회 주기도문, 사도신경, 축도. 문제 있다!」. 서울: 미성문화원, 1990.
대한예수교장로회총회 교육부 편집. 「표준예식서」. 서울: 대한예수교장로회총회출판부, 2017.
대천덕. 「기독교는 오늘을 위한 것」. 서울: 홍성사, 2009.
류호영. 「성경 해석의 관점」. 고양: 이레서원, 2022.
_____. 「성경 해석의 방법과 실제」. 고양: 이레서원, 2022.
박영선. 「기도(기도의 뜻과 안식일)」. 서울: 새순출판사, 1990.
박영환. "장종현 박사의 개혁주의생명신학과 기도." 「복음과 선교」 16 (2012): 115~56.
박윤선. 「성경주석 바울서신」. 서울: 영음사, 1972.
박형용. 「에베소서 주해」. 서울: 합동신학대학출판부, 1998.
유상섭. 「예수님의 기도로 돌아가자」. 서울: 규장, 2004.

안성삼. 「기도를 통한 영력발전소」. 광주: Christian Center, 2012.
옥성석. 「믿음사용설명서」. 서울: 국제제자훈련원, 2010.
유은호. 「에바그리우스의 기도론 연구」. 서울: 예수영성, 2019.
윤승은. 「예수님의 비유들 연구」. 서울: 성서연구원, 2003.
윤철원. 「신약성서의 그레꼬-로마적 읽기」. 서울: 한들출판사, 2000.
이덕진. 「쉽게 배우는 기독교 핵심 진리」. 서울: 생명의말씀사, 2001.
이진희. 「유대적 배경에서 본 복음서」. 서울: 컨콜디아서, 1997.
이훈구. 「비유 연구와 해설」. 서울: 연합, 1992.
양용의. "마태복음과 토라." 「Canon & Culture」 5/1 (2011): 37~79.
윤경숙. "에베소서에 나타난 하나님 나라와 기독교 윤리." 「신앙과 학문」 17 (2012): 149~81.
장석조. "누가복음에 나타난 '하나님의 나라'와 '주 예수 그리스도'." 「교회와 문화」 38 (2017·겨울): 102~35.
장영일. 「구약학 교수가 강해한 주기도문」. 서울: 쿰란출판사, 2019.
정용성. 「나사렛선언」. 서울: 홍성사, 1916.
정창욱. "누가복음 11:5~8의 한밤중에 찾아온 친구 비유이해." 「신약연구」 15/4 (2017): 651~677.
주도홍. 「삶을 역전시키는 기도」. 서울: 개혁주의신행협회, 2003.
채영삼. "현대 성경 해석학과 신약의 구약 사용 방법론 소고." 「백석신학저널」 24 (2013): 151~74.
_____. 「긍휼의 목자예수」. 서울: 이레서원, 2018.
_____. 「코이노니아와 코스모스」. 서울: 이레서원, 2021.
최갑종. 「예수님이 주신 기도」. 서울: 이레서원, 2016.
_____. 「예수님의 비유」. 서울: 이레서원, 2013.
_____. 「1세기 문맥에서 본 주기도문 연구」. 서울: 성광문화사, 1992.
최문홍. 「누가의 성령론」, 군포: 한세대학교출판부, 2002.
최선범. "누가복음 11:5~8의 한밤중의 세 친구 비유 이해." 「신약연구」 27/3 (2020): 577~608.
한의신. 「신약성서의 코이노니아」. 서울: 대한기독교서회, 1996.
허 주. "잃어버린 자를 위한 복음서-누가복음을 어떻게 읽을 것인가?" 「교회와 문화」. 38 (2017): 8~54.
홍성철. "에베소서 1:17~23에서의 정사와 권세와 로마 황제숭배사상." 「신약논단」 15 (2008·봄): 135~177.

Aland, Kurt and Aland, Barbara. 「신약성서 본문: 역사와 본문비평」. 김문경 · 김동희 역. 서울: 대한성서공회, 2020.

Allen, Chareles L. 「치유하시는 하나님」. 황승룡 역. 서울: 한국장로교출판사, 2000.

Andrew, Murray. 「그리스도의 기도학교」. 김원주 역. 고양: 크리스찬다이제스트, 2003.

Arnold, Clinton E. 「강해로 푸는 에베소서」. 정옥배 역. 서울: 도서출판 디모데, 2017.

Arthur, Kay. 「주기도문」. 김경섭 · 황석호 역. 서울: 생명의말씀사, 2000.

Bailey, Kenneth E. 「중동의 눈으로 본 예수님의 비유」. 오광만 역. 서울: 이레서원, 2017.

Barclay, William. 「바클레이의 팔복 · 주기도문 해설」. 문동학 · 이규민 역. 고양: 크리스찬다이제스트, 2011.

Barrier, Roger. "병든 사람들을 위한 기도와 성령의 능력에 의한 '악한 자'의 격퇴." Gary S. Greig and Kevin N. Springer, 「하나님 나라의 능력」. 289~335. 서울: 나단, 1997.

Barth, Karl. 「칼 바르트가 읽은 주의 기도/사도신조」. 최영 역. 천안: 다산글방, 2000.

Barton, Bruce B. Dave Veerman and Linda K. Tayor, Edited by Osborne Grant. 「누가복음」. 김진선 역. 서울: 성서유니온선교회, 2003.

Bauer, Walter. 「바우어 헬라어 사전」. 이정의 역. 서울: 생명의말씀사, 2017.

Beale, G. K. 「신약성경신학」. 김귀탁 역, 서울: 부흥과개혁사, 2016.

_____. 「누가신학」. 강대훈 역. 서울: 부흥과개혁사, 2018.

Beeke, Joel R. 「그리스도인의 합당한 예배」. 김효남·서명수·장호준 역. 서울: 지평서원, 2019.

Bloomberg, Craig L. and Jennifer Foutz Markly. 「신약성경 석의방법」. 류호영 역. 서울: 대서, 2016.

Blomberg, Craig L. 「비유해석학」. 김기찬 역. 서울: 생명의말씀사, 1996.

Bock, Darrell L. 「NIV적용주석 누가복음」. 조호진 역. 서울: 솔로몬, 2016.

Bodine, Water R. "서신서에 나타나 있는 '능력사역.'" Gary S. and Kenin, 「하나님 나라의 능력」, 263~270. 서울: 나단, 1997.

Boff, Lenardo. 「주의 기도: 총체적 해방의 기도」. 이정희 역. 서울: 규장, 2006.

Bounds, Edward McKendree. 「기도의 본질」. 홍성국 역. 서울: 생명의말씀사, 2005.

Brandt, Robert L. and Bicket, Zenas J. 「성령이여 우리의 기도를 도우소서」. 조영배 역. 서울: 쿰란출판사, 1996.
Bunyan, John. 「존 번연의 기도」. 정혜숙 역. 서울: 브니엘, 2015.
Butler, Trent C. 「WBC Volume 7 Joshua」. 정일호 역. 서울: 솔로몬, 2012.
Calvin, John. 「기독교 강요」. 원광연 역. 파주: 크리스챤다이제스트, 2016.
_____. 「칼빈의 기도론」. 원광연 역. 파주: 크리스챤다이제스트, 2015.
Carson, D. A. 「산상수훈 연구」. 정득실 역. 서울: 생명의말씀사, 1997.
Chambers, Oswald. 「오스왈드 챔버스의 기도」. 스데반 황 역. 서울: 토기장이, 2020.
Chrysotom, John. 「요한 크리소스톰 에베소서 강해」. 송영의 역. 서울: 지평서원, 1998.
Cullmann, Oscar. 「기도」. 김상기 역. 서울: 한국기독교서회, 2007.
Craddock, Fred B. 「누가복음」. 박선규 역. 서울: 한국장로교출판사, 2010.
Crossan, John Dominic. 「가장 위대한 기도」. 김준우 역. 서울: 한국기독교연구소, 2017.
Crump, David. "기도(청원기도), 하나님의 숨어계심(은익성), 그리고 십자가 신학," 류호영 역. 「백석신학저널」. 24호 (2013): 290~274.
Danker, Frederick William. 「신약성서그리스어사전」. 김한원 역. 서울: 새물결플러스, 2017.
Dennis, Lane T. ed. 「ESV 스터디 바이블」. 신지철 외 4인 역. 서울: 부흥과개혁사, 2016.
Deyneka, Peter. 「많은 기도 많은 능력」. 김영국 역. 서울: 복음서회, 1995.
Dumbrell, William J. 「언약신학과 종말론」. 장세훈 역. 서울: CLC, 2016.
Dunn, James D. G. 「예수와 기독교의 기원(상)」. 차정식 역. 서울: 새물결플러스, 2012.
Edwards, Charles E, 편. 「칼빈의 경건생활과 기도」. 문석호 역. 서울: 생명의말씀사, 1993.
Edwards, James R. 「누가복음」. 강대훈 역. 서울: 부흥과개혁사, 2019.
Finney, Charles G. Principles of Prayer. Louis Gifford Parkhurst, Jr. 편. 「찰스피니의 기도」. 오현미 역. 서울: 진흥, 2002.
Foster, Richard J. 「리차드 포스터 기도」. 송준인 역. 서울: 두란노, 2003.
France, R. T. 「NICNT 마태복음」. 권대영 · 황의무 역. 서울: 부흥과개혁사, 2019.
Garland, David E. 「존더반신약주석 강해로 푸는 누가복음」. 정옥배 역. 서울: 디모데, 2018.

Goldsworthy, Grame. 「기도와 하나님을 아는 지식」. 정옥배 역. 서울: Ivp, 2005.
Gombis, Timothy. 「이렇게 승리하라」. 최현만 역. 서울: 에클레시아북스, 2020.
Gower, David B. 「최근 예수의 비유 연구 동향」. 김세현 역. 서울: CLC, 2015.
Green, Joel B. 「누가복음 신학」. 황인성 역. 서울: CLC, 2020.
_____. 「NICNT 누가복음」. 강대훈 역. 서울: 부흥과개혁사, 2020.
Green, Michael. 「성령을 믿사오며」. 이혜림 역. 서울: 서로사랑, 2006.
Grudem, Wayne. 「성경 핵심 교리」. 박재은 역. 서울: 솔로몬, 2019.
Hagin, Kenneth E. 「역사하는 기도」. 서울: 믿음의 말씀사, 2006.
Hagner, Donaid A. 「마태복음 1~13」. 채천석 역. 서울: 솔로몬, 2014.
Hardin, Leslie T. ed. John D. Barry. Lexham 성경사전. Bellingham, WA: Lexham Press, 2020.
Hays, Richard. 「복음서에 나타난 구약의 반향」. 이영욱 역. 서울: 감은사, 2022.
Heisler, Greg. 「성령이 이끄는 설교」. 홍성철 · 오태용 역. 서울: 베다니출판사, 2008.
Horton, Michael. 「성령의 재발견」. 황영광 역. 서울: 지평서원, 2019.
House, H. Wayne. 「차트로 본 신약」. 김일우 역. 서울: 아가패문화사, 1998.
Houston, James. 「기도: 하나님과의 우정」. 김진우 · 신현기 역. 서울: Ivp, 2003.
Jones, Mark. 「그리스도를 아는 지식」. 오현미 역. 서울: 복있는 사람, 2017.
Júngel, Ebehard. 「바울과 예수」. 허혁 역. 서울: 이화여자대학교 출판부. 1996.
Keller, Timothy. 「팀 켈러의 기도」. 최종훈 역. 서울: 두란노, 2015.
Kistemaker, Simon J. 「예수님의 비유」. 김근수 · 최갑종 역. 서울: 기독교문서선교회, 2011.
Kittel, Gerhard, & Gerhard Friedrich. 「신약성서 신학사전」. 번역위원회 역. 서울: 요단출판사.
Kraybill, Donald B. 「예수가 바라본 하나님 나라」. 김기철 역. 서울: 복있는 사람, 2010.
Ladd, George Eldon. 「하나님 나라」. 원광연 역. 파주: 크리스찬다이제스트, 2016.
_____. 「하나님의 나라, 제대로 알고 믿는가?」. 정정숙 · 신상수 역. 서울: 개혁주의신행협회, 2007.
LeFevre, Perry D. 「기도의 생명력」. 권명수 역. 서울: 한신대학교출판부, 2014.
Lincoln, Andrew T. 「WBC 에베소서」. 배용덕 역. 서울: 솔로몬, 2006.
Nolland, John. 「누가복음 9:21~18:34」. 김경진 역. 서울: 솔로몬. 2011.
MacArthur, John. 「하나님 나라의 비유」. 조계광 역. 서울: 생명의말씀사, 2016.
McArther, Harvey K. 「산상설교의 이해」. 김병국 역. 서울: 총신대학교출판부,

1997.

McKnight, Scot. 「하나님 나라의 비밀」. 김광남 역. 서울: 새물결플러스, 2016).

Metzger, Bruce M. & Ehrman, Bart D. 「신약의 본문」. 장성민 · 양형주 · 라병원 역. 서울: 한국성서학연구소, 2009.

Meiser, Martin. 「신약성경 주석 방법론」. 김병모 역. 서울: CLC, 2013.

Morgan, Christopper W. 「하늘」. 강대훈 역. 서울: 부흥과개혁사, 2018.

Mulhoiland, James. 「예수님처럼 기도하라」. 강주헌 역. 서울: 엔크리스토, 2003.

Oakman, Douglas E. 「주기도문과 채무 경제의 전복」. 박흥용 역. 서울: 새물결플러스, 2021.

Origenes De Oratione. 「오리게네스 기도론」. 이두희 역. 서울: 새물결플러스 2018.

Osborne, Grand. 「LAB 누가복음」. 김진선 역. 서울: 성서유니온교회, 2003.

Packer J. I. & Carolyn Nystrom. 「기도」. 정옥배 역. 서울: 한국기독학생회출판부, 2008.

_____. 「제임스 패커의 기도」. 정옥배 역. 서울: Ivp, 2008.

Packer, James I. 「주기도문」. 김진용 역. 서울: 아바서원, 2016.

_____. 「거룩의 재발견」. 장인석 역. 서울: 토기장이, 2016.

Pierson, Arthur T. 「기도 학교의 과제」, 보이스사 편집부 역. 서울: 보이스사, 1991.

Pink, Arthur W. 「바울의 기도연구」. 서문강 역. 서울: 생명의말씀사, 1983.

Powell, Mark Allan. What Are they Saying About Luke? 「누가복음 신학」. 배용덕 역. 서울: 기독교문서선교회, 1995.

Ridderbos, Herman. 「하나님 나라」. 오광만 역. 서울: 엠마오, 1999.

_____. 「바울신학」. 박영희 역. 서울: 지혜문화사, 1985.

Rienecker, Fritz. 「헬라어 신약성서-언어분석의 열쇠」. 경한수 편역. 서울: 예본출판사, 1993.

Robinson, Haddon. 「빛과 소금으로 사는 법」. 김문철 역. 서울: 나침판, 2006.

Schreiner, Tomas R. 「성경신학」. 강대훈 역. 서울: 부흥과개혁사, 2017.

Seiman, Martin J. 「Tyndale Old Testament Commentaries Vol. 10 역대상」. 임요한 역. 서울: CLC, 2017.

Smith, James K. A. 「하나님 나라를 상상하라」. 박세혁 역. 서울: Ivp, 2018.

Snodgrass, Klyne. 「NIV적용주석 에베소서」. 채천석 역. 서울: 솔로몬, 2017.

Stein, Robert H. 「예수님의 비유」. 명종남 역. 서울: 새순출판사, 1994.

Stott, John. 「BST 에베소서 강해」. 정옥배 역. 서울: Ivp, 2013.

Timmer, John. 「예수님의 비유에 대한 새로운 접근 하나님 나라 방정식」. 류호준 역. 고양: 크리스찬다이제스트, 2003.
Thoms, W. H. Griffith. 「성령론」. 신재구 역. 고양: 크리스찬다이제스트, 2003.
Torrey, R. A. 「기도의 영을 받는 법」. 이용복 역. 서울: 규장, 2007.
Towns, Elmer L. 「주기도문을 통한 영적 승리」. 최복일 역. 서울: 서로사랑, 2007.
Tozer, Aiden Wilson. 「이것이 성령님이다」. 이용복 역. 서울: 규장, 2005.
Trip, Paul David. 「돈과 영성」. 최요한 역. 서울: 두란노, 2019,
Tucket, Christopher M. 「누가복음」. 김경진 역. 서울: 이레서원, 2008).
Turner, Max. 「성령과 권능」. 조영모 역. 서울: 새물결플러스, 2020.
Vanhoozer, Kevin J. 「이 텍스트에 의미가 있는가?」. 김재영 역. 서울: 한국기독학생회출판부, 2020.
Von Eberhard, Begründet and Nestle, Erwin. Nesle-Aland Novum Testamentum Graece. Stuttgart: Deutsche Bibelgesellschaft, 2012. ; 「네스틀레 알란트 그리스어 신약성서」. 서울: 대한성서공회, 2016.
Vos, Geerhardus Johannes. 「바울의 종말론」. 박규태 역. 서울: 좋은씨앗, 2016.
Yancey, Philip D. 「기도」. 최종훈 역. 파주: 청림출판, 2007.
Washer, Paul. 「은혜의 수단」. 황영광 역. 서울: 생명의말씀사, 2020.
Watson, Thomas. 「주기도문 해설」. 이기양 역. 서울: 기독교문서선교회, 2014.
White, R. E. O. Luke's Case for Christianity. 「누가신학 연구」. 김경진 역. 서울: 그리심, 2003.
Wilcock, Michael. 「BST 누가복음 강해」. 정옥배 역. 서울: 한국기독학생회출판부, 2011.
Wilkinson, Bruce H. 「야베스의 기도」. 마영례 역. 서울: 디모데, 2004.
Willis, Wendell, 편. 「하나님의 나라」. 박규태·안재형 역. 서울: 솔로몬, 2022.
Wink, Walter. 「사탄의 가면을 벗겨라」. 박민 역. 서울: 한국기독교연구소, 2005.
_____. 「사탄의 체계와 예수의 비폭력」. 한성수 역. 서울: 한국기독교연구소, 2020.
Wright, Christopher J. H. 「그리스도를 아는 지식」. 홍종락 역. 서울: 한국성서유니온선교회, 2010.
Wright, N. T. 「주기도와 하나님 나라」. 전의우 역. 파주: 한국기독학생회출판부, 2015.
_____. 「신학의 모든 기도」. 백지윤 역. 서울: Ivp, 2015.

Aune, David E. "Prayer in the Greco-Roman World,". Edited by Richard N. Longenecker. Grand Rapids, MI: William B. Eerdmans, 2001.

Bailey, Kenneth E. Poet & Peasant and Through Peasant Eyes. Grand Rapids : Wm. B. Eerdmans, 1983.

Barth, Karl. Prayer. Edited by Saliers, Don E. London: Westminster John Knox Press, 2002.

Beale, G. K. and D. A. Carson. Commentary on the New Testament Use of the Old Testament. Grand Rapids, MI: Baker Academic, 2008.

Beck, Brian E. Christian Character in the Gospel of Luke. Eugene, OR: Wipf and Stock Publishers, 1989.

Best, Ernest. A Critical and Exegetical Commentary on Ephesians, Edited by J. A. Emerton, C, E. B. Cranfield and G. N. Stanton. London, NY: T & T Clark, 2004.

Bock, Darrell L. Luke Volume 2: 9:51~24:52, Edited by Moisés Silva. Grand Rapids: Baker Books, 2004.

Carroll, John T. Luke A Commentart. Louisville, KY: Westminister John Konx Press, 2012.

Chester, Tim. The Message of Prayer. Nottingham: Inter Varsity Press, 2003.

Crump, David. Jesus the Intercessor-Prayer and Christology in Luke-Act Grand Rapids, MI: Baker Books, 1992.

Culy, Martin M. Parsons, Mikeal C. and Stigall, Joshua J. Luke A Handbook on the Greek Text. Waco, TX: Baylor University Press, 2010.

Gilbon, Jeffrey B. "Matthew 6:9~13//Luke 11:2~4: An Eschatologicad Prayer?" Biblical Theology Bulletin 31 (year): 96~105.

Gupta, Nijay K. The Lord's Prayer. Macon, GA; Smith & Helawys Publishing, 2017.

Holmås, Geir Otto. Prayer and Vindication in Luke-Acts. New York, NY: T&T Clark, 2011.

Irish, Kerry. "The Lord's Prayer: A Study in Christian Theology." George Fox University Faculty Publications-Department of History and Politics 6 (2019): 1~23.

Longenecker, Richard N., ed. Into God's Presence. Grand Rapids, Maddox, Robert. The Purpose of Luke-Acts. Edinburgh: T&T Clark, 1982.

Martin, Ralph P. New Testament Foundations Volume 1. Grand Rapids, MI:

William B. Eerdmans, 1994.

Metzer, James A. "God ad Friend? Reading Luke 11:5~13 & 18:1~8 with a Hermeneutic of Suffering, Herizons in Biblical Theology 32 (2010): 33~57.

Minear, Paul S. The Kingdom and The Power. Louisville · London: Westminster John Knox Press. 2004.

Phillips, John. Exploring The Gospel of Luke: An Expositiory Commentary. Grand Rapid, MI: Kregel, 2005.

Phillips, L. Edward. A History of Prayer: The First to the Fifteenth Century. Edited by Hammerling, Roy. 13 vols. Boston: Brill, 2008.

Ringe, Sharon H.Luke. Louisville : Westminster John Knox Press, 1995.

Waetjen, Herman C. Praying the Lord's Prayer. Harrisburg, PA: Trinity Press International, 1999.

Wright, N. T. The Lord and His Prayer. Grand Rapids, MI: William B. Eerdman's, 1996.

기도로 푯대를 향하여

인쇄일 | 2025년 1월 1일
발행일 | 2025년 1월 1일

지은이 | 김영규
펴낸곳 | 도서출판 조은
발행인 | 김화인
편집인 | 김진순
주소 | 서울시 중구 을지로20길 12 대성빌딩 405호
전화 | (02)2273-2408
팩스 | (02)2272-1391
출판등록 | 1995년 7월 5일 신고번호 제1995-000098호
ISBN | 979-11-94562-02-3
정가 | 17,000원

♠ 잘못된 책은 바꾸어 드리겠습니다
♠ 이 책의 내용은 신저작권법에 의하여 국제적으로
　보호받고 있습니다.
♠ 전재 및 복제를 할 수 없습니다.